NATUR-
Kochbuch

Kochen mit den Schätzen der Natur

EDITION XXL

INHALT

VORWORT

Schon vor Jahrtausenden sammelten unsere Vorfahren ihre Nahrung in der Natur. In der heutigen Zeit ist das Wissen über Wildpflanzen zu großen Teilen in Vergessenheit geraten. Dabei leistet das Sammeln und Kochen der wild wachsenden Zutaten einen wertvollen Beitrag zu unserer Gesundheit und ist zudem preiswert und umweltschonend.

Draußen in der Natur findet sich ein reichhaltiger Schatz an Wildkräutern, Nüssen und Beeren, die nicht nur mit ihren wertvollen Inhaltsstoffen punkten, sondern darüber hinaus auch unglaublich lecker schmecken – wenn man weiß, wie man sie zubereitet!

Ob Wildkräuter-Quiche für das festliche Dinner oder fruchtige Sanddorn-Macarons für den nächsten Kaffeeklatsch – die Einsatzmöglichkeiten für Wildpflanzen sind äußerst vielseitig!

Entdecken Sie mit diesem Buch die schmackhaften Kostbarkeiten unserer Natur wieder und lassen Sie sich von den zahlreichen raffinierten Rezepten inspirieren!

Ich wünsche Ihnen viel Spaß beim Zubereiten und Genießen!

Elisabeth Bangert

Ratgeber

Das ganze Jahr über bietet Mutter Natur uns zahlreiche interessante Pflanzen, die nicht nur gut für die Gesundheit sind, sondern auch lecker schmecken. Zudem macht das Sammeln von Wildkräutern, Früchten und Co. auch noch viel Spaß!

Grundsätzlich gilt, dass Sie immer nur das sammeln dürfen, was Sie mit hundertprozentiger Sicherheit erkennen! Viele Pflanzen haben nämlich gefährliche Doppelgänger! Darüber hinaus sind beim Sammeln von Wildpflanzen folgende Regeln zu beachten:

- Gehen Sie respektvoll mit der Natur um und sammeln Sie keine Pflanzen, die unter Naturschutz stehen! Welche Pflanzen geschützt sind, unterscheidet sich je nach Bundesland. Eine Liste erhalten sie z. B. beim Naturschutzbund.

- Denken Sie immer auch an die Tiere. Beerensträucher beispielsweise sind im Winter eine wichtige Nahrungsquelle für Vögel und sollten nie komplett abgeerntet werden.

- Sammeln Sie immer nur so viel, wie Sie tatsächlich benötigen und entnehmen Sie einem Fundort niemals den kompletten Pflanzenbestand!

- Ernten Sie die Pflanzen bzw. Pflanzenteile immer so, dass sich das Gewächs wieder davon erholen kann.

- Sammeln sie nur an „sauberen" Orten, an denen keine Schadstoffe durch Umweltverschmutzung erwartet werden können. Wildpflanzen neben stark befahrenen Straßen sollte man beispielsweise nicht ernten.

- Denken Sie an mögliche Gefahren für Ihre Gesundheit. Untersuchen Sie Ihren Körper nach dem Sammeln auf Zecken, und entfernen Sie sie schnellstmöglich. Auch der Fuchsbandwurm, der über Fuchskot übertragen wird, kann gefährlich werden. Vermeiden Sie das Sammeln an Stellen, an denen der Fuchs häufig seinen Kot ablegt, wie auf Wegkreuzungen, Baumstümpfen oder Felsen. Abtöten können Sie den Krankheitserreger, indem Sie die Früchte oder Kräuter abkochen. Außerdem sollten Sie nach dem Sammeln gründlich Ihre Hände waschen.

Kräuter, Früchte und Nüsse von A–Z

Damit Sie mit dem Sammeln und Kochen direkt beginnen können, haben wir nachfolgend alle Kräuter, Früchte und Nüsse, die in diesem Buch verwendet werden und die Sie in der freien Natur sammeln können, für Sie zusammengestellt.

Oftmals kann man die Kräuter untereinander austauschen und die Rezepte je nach Geschmack variieren. Manch einem mag ein Smoothie mit vielen Brennnesseln besser schmecken, während andere mehr Giersch bevorzugen.

Vor der Zubereitung sollten Sie Wildkräuter immer entstielen und gründlich waschen. Blüten sollten Sie nicht unter fließendem Wasser waschen, da sonst viel von dem Nektar, der ihnen ihren süßlichen Geschmack verleiht, weggespült wird. Waschen Sie sie, wenn nötig, vorsichtig in einer Schüssel mit kaltem Wasser. Manche Pflanzen oder auch nur Pflanzenteile sind im rohen Zustand giftig, z. B. Holunderbeeren oder Bucheckern. Diese müssen vor dem Verzehr erhitzt werden.

Ahornblätter erntet man ab Ende April bis Anfang Mai, wenn sie noch jung sind. Die zartgrünen Blätter des Spitz-, Berg- und Feldahorns schmecken süßlich und enthalten viel Eiweiß. Je älter die Blätter sind, desto zäher und bitterer werden sie. Die charakteristische Blattform kann drei- oder fünfgliedrig sein. Gesammelt werden sollten nur gesunde Blätter, die frei von Raupen und Läusen sind.

Bärlauch erinnert geschmacklich stark an Knoblauch und hat je nach Lage von März bis Mai Saison. Danach beginnt seine Blütezeit. Kurz davor bildet er die Bärlauchknospen aus, die man sowohl roh verzehren als auch zum Kochen verwenden kann.

Vorsicht: Das Kraut hat gefährliche *Doppelgänger*, darunter *Maiglöckchen* und *Herbstzeitlose*. Das wichtigste Unterscheidungsmerkmal ist der intensive Knoblauchgeruch, den Bärlauch ausströmt. Optisch kann man die Pflanzen über die Blätter unterscheiden. Die Blätter des Bärlauchs sind auf der Unterseite matt. Maiglöckchen glänzen auf der Unterseite und Herbstzeitlosen auf beiden Blattseiten.

Berberitzen sind die Früchte der gleichnamigen Sträucher und auch unter den Namen Sauerdorn oder Essigbeere bekannt. Die länglichen Beeren schmecken säuerlich und können Ende August bzw. Anfang September geerntet werden. Reif sind sie, wenn sie scharlachrot bis dunkelrot gefärbt sind. Allerdings sind nur die Früchte ungiftig! Blätter, Stängel, und alle anderen Pflanzenteile enthalten Giftstoffe und dürfen nicht verzehrt werden! Achten Sie vor der Weiterverarbeitung also unbedingt darauf, alle anderen Pflanzenteile zu entfernen.

Berberitzen trocknen: Die Beeren von Blättern und Ästen befreien. 2 Stunden in Wasser einweichen, dann gut abspülen und trocken tupfen. Im Backofen bei 50 °C erhitzen, bis der Saft austritt. Dann die Temperatur auf 60 °C erhöhen und die Früchte regelmäßig wenden. Das Trocknen dauert ca. 2 ½ Stunden.

Borretsch kann das ganze Jahr über geerntet werden und auch die sternförmigen, violett-blauen Blüten sind essbar. Das Kraut sollte man allerdings nur in Maßen verzehren, da er in großen Mengen gesundheitsschädigend wirkt. Schwangere, Stillende und Kinder sollten ganz auf den Verzehr verzichten.

Brennnesseln gelten gemeinhin als Unkraut, sind aber ein wahres Superfood! Das Kraut hat einen spinatähnlichen Geschmack und enthält jede Menge Vitamin C. Brennnesseln erntet man am besten im Mai, da dann die Blätter noch jung sind und besonders gut schmecken. Je größer und älter die Blätter werden, desto bitterer wird ihr Geschmack.

Um sich nicht zu verbrennen, sollten Sie Brennnesseln immer nur mit Handschuhen ernten. Die Brennhaare können Sie unschädlich machen, indem Sie die Blätter vor der Weiterverarbeitung Kochen, trocknen oder kurz Blanchieren.

Brunnenkresse ist mit der Gartenkresse verwandt und hat einen leicht scharfen, würzig-herben und kräftigen Geschmack. Die auch als Wasserkresse bekannte Pflanze wächst, wie der Name schon sagt, an feuchten Standorten bzw. direkt am Wasser. Geerntet werden kann das Kraut das ganze Jahr über, wobei die Blätter nach der Blütezeit nicht mehr so zart sind und schärfer schmecken. Sammeln Sie sie daher am besten vor der Blütenbildung zwischen März und Mai.

Bucheckern sind die Früchte der Rotbuche und können ab Mitte September gesammelt werden. Dabei sollte man darauf achten, dass die Rinde des Baums glatt ist und die Nüsse unversehrt sind. Roh sind Bucheckern leicht giftig und können Bauch- und Kopfschmerzen sowie Krämpfe und Erbrechen verursachen. Durch Erhitzen werden die Giftstoffe abgebaut.

Fliederbeeren haben nichts mit dem Fliederstrauch zu tun. Dabei handelt es sich lediglich um die norddeutsche Bezeichnung für Holunderbeeren (siehe Seite 7).

Gänseblümchen sind ab April auf vielen Wiesen zu finden. Genießbar sind Knospen, Blüten und Blätter, wobei letztere am besten schmecken, wenn sie jung sind. Die weiß-gelben Blumen sind sehr gesund, sollten aber nur in Maßen verzehrt werden. Die Hauptblütezeit ist von April bis Mai, bei milden Temperaturen blüht die Pflanze sogar bis Ende November.

Kräutersalz

1 Handvoll getrocknete Wild- oder Küchenkräuter mit 250 g grobem Meersalz im Mörser zermahlen. In ein verschließbares Gefäß füllen und einige Tage durchziehen lassen.

Giersch schmeckt ähnlich wie Petersilie und Spinat und kann roh oder gekocht verzehrt werden. Verwenden können Sie sowohl die Blätter als auch die Blüten und Früchte. Die beste Sammelzeit für die Blätter ist im Frühjahr zwischen April und Mai. Danach setzt die Blüte ein und anschließend reifen die Früchte aus. **Vorsicht:** Der Giersch hat einige giftige *Doppelgänger*! Dazu gehören der *Gefleckte Schierling*, der *Wasserschierling*, der *Hecken-Kälberkopf* sowie die *Hundspetersilie*. Ein alter Spruch zur Bestimmung des Gierschs lautet: „Drei, drei, drei – bist beim Giersch dabei!" So hat der Blattstängel eine dreikantige Form, vom Stängel gehen drei Blattgruppen ab und diese sind wiederum dreifach unterteilt. Ein weiteres Merkmal der Pflanze ist, dass alle Pflanzenteile unbehaart sind.

Gundermann schmeckt würzig-aromatisch, scharf und leicht bitter. Geerntet wird er im Frühjahr, zum Beginn der Blütezeit, von März bis April. Ältere Blätter schmecken bitter und können unangenehm scharf werden. **Vorsicht:** Gundermann ähnelt der giftigen *Poleiminze*. Diese hat einen festen Stiel, während der Gundermann einen weichen Stiel hat, da er am Boden entlangkriecht oder an Zäunen hinaufwächst.

Hagebutten sind die vitaminreichen Früchte verschiedener Rosenarten. Reif sind sie ab Ende September, wenn die Hagebutten tiefrot gefärbt, aber noch fest sind. Die Erntezeit reicht bis in den November hinein. Man sollte die Früchte vor dem Frost ernten, da die Hülle sonst mehlig wird. Vor dem Verzehr müssen Stiel- und Blütenansatz entfernt sowie die Kerne und die sie umliegenden Härchen ausgekratzt werden. Das Innere, das im Volksmund auch als Juckpulver bekannt ist, ist nämlich ungenießbar.

Hanfsamen sind sehr nährstoffreich und ein wahres Superfood. Mit ihrem süßlich-nussigen Aroma kann man sie zum Verfeinern von Müslis, Joghurt oder Salaten verwenden. Die Samen enthalten von Natur aus kein rauschauslösendes THC und sind in Reformhäusern, Bioläden oder Supermärkten erhältlich.

Holunder ist äußerst vielseitig. Die Blüten und die Beeren können in der Küche verwendet werden. **Vorsicht:** Der *Schwarze Holunder* hat gefährliche *Doppelgänger*, darunter den hochgiftigen *Zwergholunder*! Die Blüten des Zwergholunders erkennt man an den roten Staubbeuteln, die später schwarz werden. Auch die Beeren unterscheiden sich von denen des Schwarzen Holunders, denn sie stehen aufrecht und haben eine kleine Delle.

- **Holunderblüten** findet man von Anfang Mai bis Ende Juni und können roh verzehrt werden. Die Blüten sind cremeweiß und besitzen einen gelblichen Staubbeutel.

- **Holunderbeeren** sind säurearm und reich an Vitamin C. Rohe Beeren enthalten giftige Substanzen, die jedoch durch Hitze zerstört werden. Die Früchte sind im August oder September reif für die Ernte. Die Beeren sind anders als die des Zwergholunders eher hängend und haben keine Delle. Sammeln Sie nur Dolden, an denen alle Früchte komplett blauschwarz gefärbt sind.

Pfifferlinge stehen zwar unter Naturschutz, dürfen allerdings für den Eigenbedarf in geringen Mengen im Wald gesammelt werden. Der Speisepilz gedeiht vor allem auf moosreichen Böden in Laub- und Nadelwäldern. Die blassweiß bis goldgelb gefärbten Pilze haben einen welligen Hut und eine stumpfe Oberfläche. **Vorsicht:** Der Pfifferling hat einen giftigen *Doppelgänger* – den *Falschen Pfifferling*! Dessen Hut ist recht dünnfleischig und die Lamellen regelmäßiger gegabelt als die des Echten Pfifferlings.

Knoblauchsrauke erinnert geschmacklich an Knoblauch oder Kresse und sieht der Brennnessel ähnlich. Die Pflanze wächst bevorzugt an halbschattigen Standorten, wie Waldrändern oder an Bachufern und findet sich häufig in der Nähe von Brennnesseln, Wegerich oder Gundermann. Sammeln können Sie das Kraut von April bis in den September.

Küchenkräuter wie Schnittlauch oder Petersilie sind Bestandteil vieler Gerichte. Auch die Blüten mancher Kräuter sind essbar, z. B. die von Schnittlauch und Salbei. **Vorsicht:** *Nicht alle Würzpflanzen sind nach der Blüte genießbar.* So wird die Petersilie beispielsweise giftig. Informieren Sie sich also vor dem Verzehr unbedingt über eventuelle gesundheitsschädliche Auswirkungen.

Lavendel stammt ursprünglich aus dem Mittelmeergebiet, wo er auch wild wächst. Bei uns ist er nur in Parks und Gärten zu finden. Haben Sie Lavendel im Garten und wollen ihn in der Küche verwenden, ernten Sie die Blüten am besten kurz vor der Vollblüte im Sommer. Dann ist der Gehalt der ätherischen Öle am höchsten. Lavendel sollte an einem warmen, sonnigen Tag geerntet werden, und zwar am späten Vormittag, wenn der Morgentau abgetrocknet ist.

Löwenzahn ist eine altbewährte Heilpflanze, deren Anwendungsgebiete von Harnwegserkrankungen bis zu Durchblutungsstörungen reichen. Darüber hinaus kann er als Salat oder in herzhaften Speisen verwendet werden. Die Blätter sollten im April oder Mai und noch vor der Blütezeit geerntet werden, da sie mit der Blüte einen bitteren Geschmack bekommen. Die Blüten haben von April bis Juni Saison, während die Wurzeln auch im Herbst noch geerntet werden können.

Rosen duften nicht nur verführerisch, sondern verleihen vielen Speisen ein besonderes Aroma. Für die Verwendung in der Küche eignen sich die Blüten aller Wild- und Duftrosen. Verspeisen Sie jedoch niemals Blumen aus dem Blumenladen, da diese oft gespritzt, behandelt und nicht für den Verzehr gedacht sind. Rosenblätter kann man von Mai bis August ernten, allerdings nur an warmen und sonnigen Tagen. Am besten sammeln Sie sie am späten Vormittag, wenn der Tau bereits verdunstet ist. Zu dieser Zeit ist der Gehalt an ätherischen Ölen am höchsten.

Rosenzucker

1 Handvoll Rosenblüten mit 250 g Zucker im Mörser zerkleinern. In ein verschließbares Gefäß füllen und einige Tage durchziehen lassen.

Sanddorn sieht nicht nur schön aus, er ist auch sehr gesund. Die frisch und sauer schmeckenden Beeren enthalten mehr Vitamin C als Orangen und Zitronen. Die Früchte sind reif zur Ernte, wenn sie kräftig orange gefärbt und weich sind. Das ist je nach Sorte von August bis Oktober der Fall. Da das Pflücken sehr mühsam ist, streift man die Beeren, die dicht an den dornigen Trieben sitzen, am besten mit einem Beerenkamm ab.

Sauerampfer ist ein Bestandteil der berühmten Frankfurter Grünen Soße und schmeckt, wie der Name verrät, frisch und säuerlich. Das Kraut wächst auf feuchten Wiesen und kann von Mai bis Juni gesammelt werden. Je älter die Blätter sind, desto bitterer schmecken sie. Außerdem nimmt der Gehalt an Oxalsäure zu, die zu Krämpfen und Durchfällen führen kann.

Schlehen wachsen an den gleichnamigen Sträuchern, die wild an vielen Wegrändern, Hängen oder Hecken zu finden sind. Die Kerne von Schlehen sind giftig und sollten nie mitgegessen werden. Reif sind die Früchte im Herbst, und zwar dann, wenn die Schale kräftig blauschwarz gefärbt ist. Allerdings sollte man Schlehen am besten erst nach dem ersten Frost ernten. Durch die Kälte werden die Früchte weich und die Gerbstoffe werden abgebaut, wodurch sie milder schmecken. Die beste Zeit für die Ernte ist also von Ende November bis Mitte Dezember.

Spitzwegerich ist gleichermaßen als Würzkraut und als Heilpflanze bekannt. Das Kraut enthält viele wichtige Nährstoffe und erinnert geschmacklich an Pilze. Während Blätter und Blüten sowohl gekocht als auch gedünstet gegessen werden können, sollte die Wurzel vor dem Verzehr weich gekocht werden. Die Pflanze wächst auf Wiesen und an Wegrändern und sollte idealerweise zwischen Mai und September geerntet werden.

Tannenspitzen sind die grünen Spitzen der Tannenbäume, die nicht nur gut schmecken, sondern auch sehr gesund sind. Zum Verzehr eignen sich nur die frischen, hellgrünen und weichen Spitzen am Ende der Zweige. Ernten kann man sie während der Blüte, im April und Mai. Allerdings sollten nur einzelne Spitzen entnommen werden, um dem Baum nicht zu schaden, und das auch nur mit Erlaubnis des Waldbesitzers bzw. Försters.
Vorsicht: Bestimmen Sie den Baum vorher ganz genau! *Eiben* können mit Tannen verwechselt werden, sind aber hochgiftig!

Taubnesseln sind genauso wie Brennnesseln essbar und können gegenseitig ausgetauscht werden. Im Gegensatz zu Brennnesseln besitzen die Blätter keine Brennhaare und sind völlig ungefährlich. Neben den Blättern kann man auch die Blüten essen. Diese schmecken leicht süß und sind eine tolle Dekoration für herzhafte und süße Speisen. Ihre Blütezeit beginnt im April und sie können bis in den Sommer hinein gesammelt werden.

Veilchen sind entgegen der landläufigen Meinung nicht giftig. Alle Pflanzenteile, die über der Erde liegen, können bedenkenlos gegessen werden. Der Verzehr der Wurzeln jedoch kann zu Übelkeit und Erbrechen führen. Essbar sind alle Veilchenarten, wie Waldveilchen, Hornveilchen oder Duftveilchen. Verspeisen Sie jedoch keine Veilchen aus dem Blumenladen, da diese nicht für den Verzehr gedacht sind und oft mit Kunstdünger aufgezogen wurden!

Vogelmiere erinnert geschmacklich an Erbsen oder Mais. Das Kraut kann man fast das ganze Jahr über in Gärten oder auf Äckern finden, schmeckt jedoch am besten im Frühjahr.
Vorsicht: Vogelmiere kann leicht mit der giftigen *Wolfsmilch* verwechselt werden! Tritt aus dem Stängel eine weiße Flüssigkeit aus, handelt es sich um den giftigen Doppelgänger!

Waldmeister kennen viele nur aus Brausepulver oder im Wackelpudding. Doch das Kraut mit seinem typischen Aroma ist vielseitig einsetzbar. Geerntet wird Waldmeister vor der Blüte, also zwischen März und April. Mit Beginn der Blüte steigt der Cumaringehalt in der Pflanze stark an, weshalb der Verzehr gesundheitsschädigend sein kann. Generell sollte Waldmeister nur in geringen Mengen verzehrt werden.

Walnüsse kann man von Mitte September bis Ende Oktober sammeln. Reif sind die Nüsse, wenn sie vom Baum fallen und ihre Schale aufplatzt. Damit man sie möglichst lange genießen kann, müssen sie zunächst getrocknet werden. Trocknen Sie jedoch nur makellose Nüsse.
Walnüsse trocknen: Eine Obstkiste mit Zeitungspapier auslegen und die gesäuberten Nüsse möglichst einlagig darauf verteilen. Die Nüsse sollten in einem Raum lagern, in dem um die 20 °C herrschen, und alle 2–3 Tage gewendet werden. Bis Walnüsse komplett getrocknet sind, kann es bis zu 6 Wochen dauern.

Waldmeister-BOWLE

Zutaten:

1 Bund **Waldmeister**
30 g Zucker
750 ml Weißwein
(z. B. Riesling)
750 ml Sekt

Achtung!
Zu viel Waldmeister kann zu Kopfschmerzen und Übelkeit führen! Empfohlen werden 3 Gramm pro Liter Flüssigkeit.

Zubereitung:

1. Den Waldmeister waschen, trocken schütteln und ca. 2 Stunden anwelken lassen, damit sich das Aroma voll entfalten kann.

2. Den Zucker in dem Wein auflösen. Die Kräuter an den Stielen zusammenbinden und das Sträußchen kopfüber in den Wein hängen. Das Ganze ca. 20 Minuten ziehen lassen. Dann entnehmen und mit dem Sekt aufgießen.

Holunderblüten-LIMONADE

Zutaten:

12–15 **Holunderblütendolden**
1 unbehandelte Orange
750 g Zucker, 1–2 l Mineralwasser

Zubereitung:

1. Die Dolden waschen, abtropfen lassen und die Stiele abschneiden. Die Orange heiß abwaschen und in Scheiben schneiden. Mit den Blüten in ein verschließbares Gefäß geben.

2. 750 ml Wasser mit dem Zucker aufkochen und ca. 5 Minuten köcheln lassen. Den Sirup über die Blüten gießen und zugedeckt im Kühlschrank 2–3 Tage ziehen lassen. Gelegentlich umrühren.

Wildkräuter-SMOOTHIE

Zutaten:

1 Handvoll **Wildkräuter** (z. B. **Brennnessel, Giersch, Vogelmiere**)
1 Banane
2 Birnen
1 cm Ingwerwurzel
Saft von 2 Orangen

Zubereitung:

1. Die Kräuter waschen und trocken schütteln. Die Banane schälen und in Scheiben schneiden. Die Birnen schälen, halbieren, entkernen und klein schneiden.

2. Den Ingwer schälen und fein reiben. Alle Zutaten in den Mixer geben und fein pürieren.

3. Nach Bedarf etwas Wasser dazugeben und servieren.

Tipp:
Der Holunderblütensirup ist kühl und dunkel gelagert ca. 3–4 Wochen haltbar. Wer es nicht ganz so süß mag, kann statt der Orange eine Zitrone verwenden.

3. Durch ein feines Sieb gießen und erneut aufkochen. Noch heiß in sterilisierte Flaschen füllen und sofort verschließen. Abkühlen lassen und je nach Geschmack mit dem Mineralwasser zu einer Limonade mischen.

SCHLEHEN-
Marmelade

Tipp:
Die Schlehenkerne müssen Sie nicht wegwerfen. Säubern und trocknen Sie die Kerne und machen Sie ein mit Kernen gefülltes Wärmekissen daraus.

Zutaten:
Für 4–5 Gläser (à 250 ml)

1 kg **Schlehen**
ca. 1 kg Gelierzucker 1:1

Zubereitung:
1. Die Schlehen waschen und putzen. Mit ca. 250 ml Wasser in einen Topf geben und unter gelegentlichem Rühren so lange kochen, bis die Früchte aufplatzen.

2. Die Schlehen im Topf mit einem Kartoffelstampfer zerdrücken. Danach durch ein Sieb streichen und das Mus so von den Kernen trennen.

3. Das Schlehenmus mit der gleichen Menge Gelierzucker in einen Kochtopf geben und zum Kochen bringen. Unter ständigem Rühren ca. 5 Minuten sprudelnd kochen lassen.

4. Die Gelierprobe machen: Dazu eine kleine Menge der heißen Marmelade entnehmen und tröpfchenweise auf einen kalten Teller geben. Nach kurzer Zeit sollte der Tropfen fest geworden sein.

5. Noch heiß in die sterilisierten Gläser füllen, sofort fest verschließen und für ca. 10 Minuten auf den Deckel stellen. Dann wieder umdrehen und auskühlen lassen. Kühl und dunkel gelagert ist die Marmelade ungefähr ein Jahr haltbar.

LÖWENZAHN-
Sirup

Zutaten:
Für 4–5 Gläser (à 250 ml)

300 g **Löwenzahnblüten**
1 unbehandelte Orange
6 EL Zitronensaft
1 kg Zucker

Zubereitung:
1. Die gelben Löwenzahnblüten vorsichtig waschen und mit einem Messer von den grünen Blütenkelchen trennen. Die Orange waschen, trocken reiben und in Scheiben schneiden.
2. Die Blüten und die Orangenscheiben mit 1 Liter Wasser in einen Topf geben und ca. 10 Minuten kochen lassen. Vom Herd nehmen und 24 Stunden abgedeckt ziehen lassen.
3. Alles durch ein Mulltuch abseihen, gründlich ausdrücken und den Sud dabei auffangen. Den Sud zurück in den Topf geben und mit dem Zitronensaft und dem Zucker aufkochen.
4. Bei geringer Hitze ca. 1½–2 Stunden zu einem dicklichen Sirup einkochen.
5. Noch heiß in die sterilisierten Gläser füllen und sofort fest verschließen. Kühl und dunkel aufbewahren.

Löwenzahn-Sirup kann als veganer Honig-Ersatz verwendet werden, z. B. zum Backen oder für Salatdressings.

Kandierte VEILCHEN

Zutaten:

Veilchenblüten
1 Eiweiß
ca. 100 g sehr feiner Zucker

Zubereitung:

1. Die Veilchenblüten waschen und trocken schütteln. In einer Schüssel das Eiweiß halb steif schlagen. Jede Blüte mithilfe eines Kuchenpinsels mit dem Eiweiß bestreichen und dann im Zucker wälzen.

2. Die Blüten auf einem mit Backpapier belegten Backblech 2 Tage trocknen lassen.

Veilchenblüten und -blätter sind nicht giftig. Der Verzehr der Veilchenwurzel hingegen kann zu Übelkeit und Erbrechen führen.

Geröstete BUCHECKERN

Zutaten:

Bucheckern
Salz nach Belieben

Tipp:
Bucheckern schmecken nicht nur pur oder leicht gesalzen, man kann sie auch mit etwas Zucker in der Pfanne karamellisieren.

Zubereitung:

1. Die Bucheckern in eine Schüssel geben und mit kochendem Wasser übergießen, damit die Schale weich wird. Die Kerne in ein Sieb gießen, kurz abtropfen lassen und mit einem Messer von der Schale befreien.

2. Die herausgelösten Kerne anschließend ohne Fett für einige Minuten in der Pfanne rösten und dabei schwenken. Nach Belieben salzen.

Frittierte WILDKRÄUTER

Zutaten:

Brennnesselblätter
Pflanzenöl zum Frittieren
Paprikapulver
Salz

Zubereitung:

1. In einer großen Pfanne das Öl erhitzen. Die Brennnesselblätter darin für 3–5 Sekunden knusprig frittieren.

2. Die Blätter auf Küchenkrepp abtropfen lassen und mit Salz und Paprika würzen.

Die Brennnessel ist ein richtiges Superfood. Sie wirkt bakterienhemmend und enthält sehr viel Vitamin C. Auch jede Menge Eisen, Magnesium und Kalium stecken in ihr. Und obendrein ist die Brennnessel auch noch außerordentlich eiweißreich.

HANF-Aufstrich

Zutaten:

Für 1 Glas (à 250 ml)

1 Vanilleschote
150 g geschälte **Hanfsamen**
50 g entsteinte, getrocknete Pflaumen
2 EL Kakaopulver
50 ml Mandelmilch

Zubereitung:

1. Die Vanilleschote längs aufschneiden. Das Mark auskratzen und zusammen mit den Hanfsamen, den Pflaumen, dem Kakao und der Mandelmilch im Mixer zu einer cremigen Masse pürieren.

2. Den Aufstrich in ein sterilisiertes Glas füllen, fest verschließen und kühl aufbewahren.

Eingelegte TANNENSPITZEN

Zutaten:

Für 2 Gläser (à 250 ml)

250 g **Tannenspitzen**
10 schwarze Pfefferkörner
250 ml Apfelessig
2 TL Salz
1–2 Wacholderbeeren
4 EL Zucker

Zubereitung:

1. Die Tannenspitzen waschen und in einem Sieb abtropfen lassen.

2. Die Pfefferkörner grob mörsern. Den Apfelessig mit 150 ml Wasser, dem Pfeffer und den anderen Gewürzen in einem Topf aufkochen. Den Sud 30 Minuten ziehen lassen.

3. Die Tannenspitzen auf die sterilisierten Gläser verteilen. Den Sud noch einmal aufkochen lassen, heiß in die Gläser mit den Tannenspitzen füllen und die Gläser fest verschließen.

4. Die eingelegten Tannenspitzen kühl und dunkel lagern und vor dem Verzehr 4–6 Wochen ziehen lassen.

EINGELEGTE Bärlauchknospen

Zutaten:

Für 2 Gläser (à 250 ml)

120 g **Bärlauchknospen**
5 schwarze Pfefferkörner
150 ml Apfelessig
2 EL Zucker
1 TL Salz

Zubereitung:

1. Die Bärlauchknospen waschen, in einem Sieb abtropfen lassen und mit den Pfefferkörnern auf die sterilisierten Gläser verteilen.

2. Den Essig mit 100 ml Wasser, dem Zucker und dem Salz in einen Topf geben, aufkochen und 3 Minuten weiter köcheln lassen. Den heißen Sud über die Knospen gießen. Die Gläser sofort verschließen und für ca. 5 Minuten auf den Kopf stellen.

3. Die abgekühlten Gläser in den Kühlschrank stellen und dann für 2–3 Wochen durchziehen lassen. Im Kühlschrank gelagert sind sie etwa 3 Monate haltbar.

Tipp:
Wenn Sie übrig gebliebenes Pesto im Glas wieder glatt streichen und mit einer Schicht Öl bedecken, ist es luftdicht verschlossen und hält sich im Kühlschrank 1–2 Wochen.

WILDKRÄUTER-Pesto

Zutaten:

Für 4 Personen

150 g **Wildkräuter** (z. B. **Bärlauch, Brennnessel, Giersch, Knoblauchrauke, Vogelmiere, Spitzwegerich, Löwenzahn**)
1 Knoblauchzehe
250 ml Olivenöl
70 g **Walnüsse**
100 g frisch geriebener Parmesan
Salz, Pfeffer

Zubereitung:

1. Die Kräuter waschen, trocken schütteln und grob hacken. Die Knoblauchzehe abziehen und grob würfeln.
2. Die Kräuter mit dem Knoblauch, dem Öl, den Nüssen und dem Parmesan in einen Mixer geben und mixen, bis ein cremiges und stückfreies Pesto entstanden ist.
3. Mit Salz und Pfeffer abschmecken, in ein sterilisiertes Glas füllen und mit einer Schicht Olivenöl bedecken.

ROSENBLÜTEN-Pesto

Tipp:
Wollen Sie das Pesto nicht direkt verzehren, füllen Sie es in sterilisierte Gläser. Luftdicht verpackt und kühl gelagert hält es sich etwa 5 Tage.

Zutaten:

Für 2 Personen

250 g Tagliatelle
250 g gekochte, geschälte Rote Bete
1 Knoblauchzehe
50 g **Walnüsse**
1 Handvoll **Rosenblütenblätter**
50 ml Olivenöl
1–2 EL Apfelessig
1–2 TL Rosenwasser
Salz, Pfeffer

Außerdem:
ein paar Rucolablätter
Parmesan und gemahlener Mohn zum Bestreuen

Zubereitung:

1. Die Nudeln nach Packungsanweisung al dente kochen.

2. Die Rote Bete grob würfeln. Die Knoblauchzehe abziehen und hacken. Die Walnüsse und Rosenblütenblätter grob hacken.

3. Die Rote Bete mit dem Knoblauch, den Walnüssen und den Rosenblütenblättern fein pürieren. Das Olivenöl nach und nach hinzugeben. Das Pesto mit Apfelessig, Rosenwasser sowie Salz und Pfeffer abschmecken.

4. Die Nudeln auf Tellern anrichten und das Pesto daraufgeben. Mit Rucolablättern, Parmesan und Mohn garniert servieren.

SANDDORN-Chutney

Zutaten:

Für 3 Gläser (à 250 ml)

200 g **Sanddorn**
1 Apfel, z. B. Boskop
2 Zwiebeln
2 cm Ingwerwurzel
1 Chilischote
3 EL Pflanzenöl
100 g brauner Zucker
100 ml Apfelsaft
100 ml Apfelessig
2 Kardamomkapseln
1 Zimtstange
1 Sternanis
2 Wacholderbeeren
2 Pimentkörner
1 Lorbeerblatt
¼ TL Paprikapulver
1 TL Salz
½ TL frisch gemahlener Pfeffer

Zubereitung:

1. Die Sanddornbeeren waschen und auf einem Sieb abtropfen lassen. Den Apfel schälen, vierteln, entkernen und fein würfeln. Die Zwiebeln abziehen und fein würfeln, den Ingwer schälen und fein reiben. Die Chilischote waschen, entkernen und fein hacken.

2. In einem Topf das Öl erhitzen und die Zwiebelwürfel darin glasig dünsten. Die Sanddornbeeren, den Apfel, den Ingwer und die Chilischote hinzufügen und kurz mitdünsten.

3. Den Zucker hinzufügen und alles gut miteinander verrühren. Mit etwas Apfelsaft und Essig ablöschen. Die Gewürze hinzufügen und das Chutney bei mittlerer Hitze 10–15 Minuten köcheln lassen. Dabei immer wieder mit Apfelsaft und Apfelessig aufgießen.

4. Die Kardamomkapseln, die Zimtstange, den Sternanis sowie die Wacholderbeeren, die Pimentkörner und das Lorbeerblatt herausnehmen. Das Chutney noch heiß in sterilisierte Gläser füllen und diese sofort verschließen und für ca. 10 Minuten auf den Deckel stellen. Dann wieder umdrehen und auskühlen lassen.

Tipp:
Die Buttermilch, die beim Sahneschlagen entsteht, schmeckt pur oder als Shake.

Wilde KRÄUTERBUTTER

Zutaten:

Für 1 Glas

500 ml süße Sahne
1 Handvoll **Wildkräuter** (z. B. **Sauerampfer, Bärlauch, Giersch, Löwenzahn**)
5 Schnittlauchblüten
½–1 TL Salz

Zubereitung:

1. Die süße Sahne in eine Schüssel geben und ca. 10 Minuten mit dem Handrührgerät aufschlagen, sodass sich die Butter von der Buttermilch trennt.

2. Den Butterklumpen in ein Sieb geben. Die Buttermilch nach Belieben auffangen und gleich trinken oder in den Kühlschrank stelllen. Den Butterklumpen unter fließend kaltem Wasser abspülen und dabei leicht mit den Händen ausdrücken, bis eine kompakte Masse entstanden ist.

3. Die Kräuter und die Blüten waschen, trocken schütteln, hacken und mit Salz sowie der selbst gemachten Butter vermengen. In die gewünschte Form bringen und luftdicht verpackt in den Kühlschrank stellen. Innerhalb einer Woche verbrauchen.

Zutaten:

Für 6 Stangen

11 g frische Hefe
20 g Honig
400 g Dinkelvollkornmehl
100 g Kastanien- oder Mandelmehl
2 TL Salz
2 TL getrocknete **Lavendelblüten**
350 ml lauwarmes Wasser

LAVENDEL-Stangen mit BLÜTEN

Zubereitung:

1. Die Hefe zerbröckeln und mit dem Honig in lauwarmem Wasser auflösen. Die beiden Mehlsorten in eine Schüssel sieben. Das Mehl mit dem Salz und den getrockneten Lavendelblüten vermischen.

2. Die in Flüssigkeit gelöste Hefe sowie das restliche Wasser dazugeben, unter das Mehl rühren und zu einem Teig verkneten. Den Teig an einem warmen, nicht zugigen Ort ca. 1 Stunde gehen lassen.

3. In der Zwischenzeit ein Backblech mit Backpapier auslegen. Die Arbeitsfläche mit Mehl bestreuen und nach der Ruhezeit den Teig gut durchkneten. Sollte der Teig sehr weich sein, etwas Mehl dazukneten, sodass er sich elastisch anfühlt und sich gut von der Arbeitsfläche löst.

4. Aus dem Teig eine lange Rolle formen und diese in drei gleich große Stücke teilen. Daraus wiederum lange Stangen formen und diese anschließend in zwei Teile schneiden. Alle 6 Stangen auf das Backblech legen und erneut 10–15 Minuten gehen lassen.

5. Den Backofen auf 180 °C Umluft vorheizen. Dann die Stangen 15–20 Minuten im Ofen backen.

Tipp:
Die duftenden Lavendelstangen schmecken frisch gebacken am besten: mit Honig oder Ahornsirup bestrichen zum Frühstück oder auch mit würzigen Dips auf einem Büfett.

Hefebrot mit WEGEKRÄUTERN

Zutaten:

Für 2 kleine Brote

1 EL Zucker
300 ml kaltes Wasser
½ Würfel frische Hefe
1 ½–2 TL Salz
400 g Weizenmehl Type 550
100 g Weizenmehl Type 1050
20 g **Löwenzahnblätter**
20 g **Brennnesselblätter**
1 Handvoll **Gänseblümchen-Blüten**
grobes Meersalz

Zubereitung:

1. Den Zucker im Wasser auflösen. Die Hefe zerbröckeln und dazugeben. Das Salz hinzufügen und alles gut verrühren.

2. Das Mehl in eine Schüssel sieben. Die Kräuter unter fließend kaltem Wasser abspülen und mit Küchenkrepp trocken tupfen. Die Kräuter in 2–3 cm lange Stücke schneiden. Von den Gänseblümchen die Stiele entfernen und die Blüten im Ganzen verwenden.

3. Die Hefeflüssigkeit zu dem gesiebten Mehl dazugeben und alles ca. 10 Minuten gut miteinander verkneten. Hier empfiehlt sich der Einsatz einer Knetmaschine, die die Arbeit sehr erleichtert.

4. Wenn sich der Teig elastisch anfühlt, werden die Kräuter nach und nach untergeknetet. Den Teig in einer abgedeckten Schüssel über Nacht (mindestens 10 Stunden) in den Kühlschrank stellen.

5. Den Backofen auf 240 °C Ober-/Unterhitze vorheizen und eine feuerfeste Schale unten in den Backofen stellen.

6. Den Teig in zwei Hälften teilen und zu runden Kringeln formen. Mit Wasser bepinseln und mit Meersalz bestreuen. Wasser in die Schale füllen und die Brote ca. 20 Minuten backen. Dann die Temperatur auf 200 °C senken und die Brote weitere 10 Minuten backen.

Tipp:
Je gröber die Kräuter geschnitten sind, umso besser muss der Teig geknetet werden, damit sich eine gute Brotkrume ausbildet. Den Brotteig können Sie auch länglich oder als Zopf formen.

NIROSTA

Wildkräuter-
FOCCACIA

Zubereitung:

1. Die Hefe zerbröckeln und mit dem Zucker in etwas von dem lauwarmen Wasser auflösen. Das Mehl in eine Schüssel sieben und mit dem Salz vermischen.

2. Die gelöste Hefe samt Flüssigkeit, das restliche Wasser sowie 2 Esslöffel Olivenöl dazugeben, unter das Mehl rühren und alles zu einem glatten Teig verkneten. Den Teig zugedeckt an einem warmen Ort ca. 1 Stunde gehen lassen.

3. Die Kräuter und Blüten waschen und mit Küchenkrepp trocken tupfen. Gegebenenfalls etwas kleiner rupfen oder klein schneiden.

4. Den Teig noch einmal gut durchkneten, auf einer bemehlten Arbeitsfläche ausrollen und auf das Backblech legen. Erneut zugedeckt ca. 15 Minuten gehen lassen.

5. Den Backofen auf 220 °C (Umluft 200 °C) vorheizen. Ein Backblech mit Backpapier auslegen.

6. Das Brot mit dem restlichen Öl beträufeln, mit den Kräutern und Blüten belegen und mit etwas grobem Meersalz bestreuen. Im vorgeheizten Backofen ca. 20 Minuten goldbraun backen.

Tipp:
Focaccia schmeckt ofenfrisch immer am besten, aber luftdicht verpackt kann man sie auch noch am nächsten Tag genießen.

Zutaten:

Für 1 Brot

½ Würfel frische Hefe
1 TL Zucker
350 ml lauwarmes Wasser
500 g Dinkelmehl
1 TL Salz
6 EL Olivenöl

gemischte Kräuter (z. B. **Borretsch, Rosmarin, Oregano, Salbei**)
gemischte essbare Blüten (z. B. **Borretschblüten, Veilchen, Oregano- und Salbeiblüten**)
grobes Meersalz

Kräuter-STOCKBROT mit verschiedenen Dips

Zutaten:

Für 8 Portionen

½ Würfel frische Hefe
1 TL Zucker
40 g **Wildkräuter** (z. B. **Giersch, Brennnessel, Spitzwegerich**)
400 g Weizenmehl
100 g Dinkelvollkornmehl
2 TL Salz
3 EL Olivenöl
300 ml lauwarmes Wasser

Zubereitung:

1. Die Hefe zerbröckeln und mit dem Zucker in etwas Wasser auflösen. Die Kräuter waschen, mit Küchenkrepp trocken tupfen und fein hacken. Die beiden Mehlsorten in eine Schüssel sieben und mit dem Salz und den Kräutern vermischen.

2. Die in Flüssigkeit gelöste Hefe, das Öl sowie das restliche Wasser zu dem Mehl geben und alles zu einem glatten Teig verkneten. Abgedeckt an einem warmen Ort ca. 1 Stunde gehen lassen.

3. Den Grill auf ca. 230 °C vorheizen. Nach der Ruhezeit den Teig auf einer bemehlten Arbeitsfläche erneut gut durchkneten. Sollte er sehr weich sein, noch etwas Mehl hinzufügen. Den Teig in 8 gleich große Portionen aufteilen. Zu ca. 25 cm langen Strängen formen und spiralförmig um Holzstöcke wickeln.

4. Das Stockbrot über dem Feuer backen oder auf den Grill legen und ca. 10 Minuten goldbraun backen. Dabei mehrmals wenden.

Hagebutten-Ketchup

Zutaten:

100 g **Hagebutten**
1 Schalotte
2 EL Pflanzenöl
2 EL Zucker
3 EL Apfelessig
5 EL Wasser
Chilipulver
Salz, Pfeffer

Zubereitung:

Die Hagebutten waschen und abtropfen lassen. Dann putzen, halbieren und entkernen. Das Fruchtfleisch fein hacken. Die Schalotte abziehen, fein würfeln und in einem Topf in dem erhitzten Öl glasig dünsten. Die Hagebutten dazugeben und kurz mitdünsten. Den Zucker sowie den Apfelessig und das Wasser unterrühren. Mit Chilipulver, Salz und Pfeffer würzen. Zugedeckt ca. 30 Minuten köcheln lassen, dabei gelegentlich rühren. Noch heiß pürieren und in eine sterilisierte Flasche füllen. Kühl aufbewahrt hält der Ketchup bis zu 2 Wochen.

Wildkräuterquark

Zutaten:

250 g Quark
150 g Naturjoghurt
1 Handvoll **Löwenzahn**
1 Handvoll **Bärlauch**
½ Handvoll **Giersch**
1 Prise Zucker
Salz, Pfeffer

Zubereitung:

Den Quark mit dem Joghurt verrühren. Die Kräuter waschen, trocken schütteln, fein hacken und unter die Quarkmasse rühren. Mit dem Zucker, Salz und Pfeffer abschmecken.

Bärlauchaufstrich

Zutaten:

100 g getrocknete, in Öl eingelegte Tomaten
250 g Magerquark
1 Handvoll **Bärlauch**
Chilipulver
Salz, Pfeffer

Zubereitung:

Die Tomaten abtropfen lassen und grob hacken. In einem Mixer mit dem Magerquark, etwas Chilipulver, Salz und Pfeffer mixen. Den Bärlauch waschen, trocken schütteln, fein hacken und unter die Quarkmasse rühren. Noch einmal mit den Gewürzen abschmecken.

Vegane BÄRLAUCH-Brötchen

Zubereitung:

1. Den Haferdrink in einem Topf bei schwacher Hitze erwärmen, die Margarine hinzufügen und zerlassen.

2. Das Mehl, die Hefe und das Salz in einer Schüssel vermischen. Den Agavendicksaft und den Haferdrink hinzufügen und mit den Knethaken des Handrührgerätes zu einem glatten Teig verarbeiten. Den Teig zugedeckt an einem warmen Ort ca. 1 Stunde auf das Doppelte aufgehen lassen.

3. Den Backofen auf 180 °C (Umluft 160 °C) vorheizen. Ein Backblech mit Backpapier auslegen.

4. Den Bärlauch waschen, trocken schütteln und mit den Walnüssen und dem Öl im Mixer zerkleinern. Die Gemüsebrühe untermischen und mit Pfeffer abschmecken.

5. Den Teig auf einer leicht bemehlten Arbeitsfläche mit den Händen durchkneten. Zu einem Rechteck (ca. 40 x 30 cm) ausrollen. Das Bärlauch-Pesto auf dem Teig gleichmäßig verstreichen. Den Teig von der langen Seite her zu einer Rolle aufrollen. Mit einem Messer in ca. 4 cm breite Stücke schneiden.

6. Die Teigstücke aufrecht das Backblech setzen. Den Stiel eines Kochlöffels mittig in die Brötchen drücken, sodass sie seitlich aufspringen. Die Brötchen abgedeckt nochmals ca. 15 Minuten gehen lassen.

7. Die Brötchen mit etwas Haferdrink bestreichen und im vorgeheizten Backofen ca. 15 Minuten backen.

Tipp:
Zusätzlich können Sie etwas geriebene vegane Käsealternative unter das Bärlauch-Pesto rühren.

Zutaten:

Für 14 Stück

225 ml ungesüßter Haferdrink
30 g Margarine
375 g Dinkelmehl
1 Päckchen Trockenhefe
¼ TL Salz
1 TL Agavendicksaft

75 g frischer **Bärlauch**
50 g **Walnüsse**
3 EL Olivenöl
1 TL Instant-Gemüsebrühe, z. B. von Knorr
Pfeffer

Tipp:
Die Waffeln schmecken auch ausgezeichnet mit Bärlauch.

Polentawaffeln mit GIERSCH

Zutaten:

Für 4 Personen

1 TL Salz
250 g Polenta
2 Handvoll **Giersch**
1 Handvoll gemischte Küchenkräuter (z. B. Basilikum, Schnittlauch, Bohnenkraut)
1 Knoblauchzehe
2 Eier
150 ml süße Sahne
50 g geriebener Parmesan
Peffer

Außerdem:
Fett für das Waffeleisen

Zubereitung:

1. 500 ml Wasser aufkochen. Das Salz und die Polenta langsam hineinrühren.

2. Unter Rühren ca. 10 Minuten köcheln lassen. Dann den Topf vom Herd nehmen und die Masse ca. 5 Minuten abkühlen lassen.

3. Die Kräuter waschen, trocken schütteln und fein hacken. Den Knoblauch abziehen und fein hacken. Die Eier, die Sahne, den Parmesan, die Kräuter sowie den Knoblauch unter die Polenta rühren und alles mit Salz und Pfeffer abschmecken.

4. Das Waffeleisen vorheizen und fetten. Je 2–3 gehäufte Esslöffel Teig hineingeben und verstreichen. 1–2 Minuten goldbraun backen.

GIERSCH-Crêpes

Zutaten:

Für 2 Personen

Für die Pfannkuchen:
2 Handvoll **Giersch**
250 ml Milch
150 g Dinkelvollkornmehl
2 Eier
2–3 EL Pflanzenöl
Salz, Pfeffer

Für den Kräuter-Dip:
1 Handvoll **Gundermann**
200 g Sauerrahm
Salz, Pfeffer

Außerdem:
100 g Cocktailtomaten
geriebener Parmesankäse

Zubereitung:

1. Die Gierschblätter waschen, trocken schütteln und mit der Milch fein pürieren.
2. Das Mehl in eine Schüssel geben und die Giersch-Milch-Masse unter Rühren hineingießen. Die Eier sowie Salz und Pfeffer hinzugeben und alles zu einem glatten Teig verrühren.
3. Für den Kräuter-Dip den Gundermann waschen, trocken schütteln, klein hacken und mit dem Sauerrahm verrühren. Mit Salz und Pfeffer abschmecken.
4. In einer Pfanne etwas Öl erhitzen. Je eine Kelle Teig hineingeben und dünn verteilen. Bei mittlerer Hitze goldbraun backen, wenden und fertig backen.
5. Die Tomaten waschen und vierteln. Die Crêpes mit dem Parmesankäse bestreuen und mit dem Dip und den Tomaten servieren.

Verwenden Sie stets junge **Gierschblätter**. Alte Blätter sind hart und bleiben auch beim Kochen zäh.

Rührei mit PFIFFERLINGEN

Zutaten:

Für 4 Personen

200 g **Pfifferlinge**
1 kleine Zwiebel
1–2 EL Pflanzenöl
8 Eier
60 ml Milch
15 g kalte Butter
4 Brötchen
Salz, Pfeffer

Außerdem:
einige Schnittlauchröllchen

Tipp:
Besonders lecker wird das Gericht, wenn Sie die Brötchen zusätzlich mit etwas von der Kräuterbutter von Seite 21 bestreichen.

Zubereitung:

1. Die Pfifferlinge mit einem Pilz- oder Kuchenpinsel gründlich säubern. Die Zwiebel abziehen und fein würfeln. Das Öl in einer Pfanne erhitzen und die Zwiebel darin glasig dünsten. Die Pfifferlinge hinzufügen und ca. 3 Minuten braten. Mit Salz und Pfeffer würzen.

2. Die Eier mit ½ Teelöffel Salz und der Milch in einer Schüssel verquirlen, bis eine homogene Masse entstanden ist. Die Eier und die Butter in die noch kalte Pfanne geben und unter ständigem Rühren langsam erhitzen.

3. Sobald die Eier zu stocken beginnen, die Pfanne vom Herd nehmen und die Eier so lange weiterrühren, bis eine cremige Masse entstanden ist.

4. Die Brötchen halbieren, das Rührei und die Pfifferlinge daraufgeben und mit einigen Schnittlauchröllchen garniert servieren.

Tipp:
Die gefüllten Ahornblätter schmecken lauwarm oder auch gut gekühlt.

GEFÜLLTE Ahornblätter

Zutaten:

Für ca. 30 Ahornblätter

200 g Reis
1 Zwiebel
2 Knoblauchzehen
40 g **Walnüsse**
1 kleine Karotte
1 Stängel **Gundermann**
3 Stängel glatte Petersilie
6 EL Olivenöl
400 ml Gemüsebrühe
Saft und Abrieb von
1 unbehandelten Zitrone
½ TL gemahlener
Kreuzkümmel
ca. 30 **Ahornblätter**
Salz, Pfeffer

Zubereitung:

1. Den Reis gründlich waschen und gut abtropfen lassen. Die Zwiebel und die Knoblauchzehen abziehen und fein hacken. Die Walnüsse ebenfalls fein hacken. Die Karotte schälen und raspeln. Die Kräuter waschen, trocken schütteln und fein hacken.

2. 2 Esslöffel Öl in einer Pfanne erhitzen und die Zwiebel und den Knoblauch darin glasig dünsten. Den Reis und die Walnüsse hinzufügen und kurz anbraten. Mit der Gemüsebrühe ablöschen, den Zitronensaft- und Abrieb hinzufügen und bei geringer Hitze ca. 20 Minuten zugedeckt garen. 5 Minuten vor Ende der Garzeit die Karottenraspel und Kräuter hinzufügen und alles mit dem Kreuzkümmel, Salz und Pfeffer abschmecken. Den fertigen Reis vollständig abkühlen lassen.

3. In der Zwischenzeit in einem großen Topf reichlich Salzwasser zum Kochen bringen. Die Ahornblätter von den Stielen befreien und waschen. Portionsweise im kochenden Salzwasser blanchieren, sofort mit kaltem Wasser abschrecken und auf Küchenkrepp abtropfen lassen.

4. Den Backofen auf 180 °C (Umluft 160 °C) vorheizen. Die Ahornblätter auf eine Arbeitsfläche legen und jeweils 1–2 Esslöffel von dem Reis in die Mitte geben. Die Blätter seitlich einklappen und aufrollen. Nebeneinander in eine Auflaufform legen, mit dem restlichen Öl beträufeln und mit so viel Wasser übergießen, dass die Röllchen gerade so bedeckt sind. Im vorgeheizten Backofen ca. 30 Minuten garen.

WILDKRÄUTER-Quiche

Zutaten:

Für 1 Quicheform (ø 26 cm)

Für den Teig:
250 g Dinkelmehl
130 g Butter
1 Ei
½ TL Salz
50 ml kaltes Wasser

Für die Füllung:
200 g **Wildkräuter** (z. B. **Brennnessel, Bärlauch, Gundermann, Löwenzahn**)
4 Eier
200 ml süße Sahne
200 g Schmand
100 g geriebener Gruyère
gemahlene Muskatnuss
Salz, Pfeffer

Außerdem:
Fett für die Form
Backpapier und getrocknete Hülsenfrüchte zum Blindbacken

Zubereitung:

1. Für den Teig das Mehl mit der Butter, dem Ei, dem Salz und dem Wasser zu einem glatten Teig verkneten. Zu einer Kugel formen, in Frischhaltefolie wickeln und ca. 30 Minuten im Kühlschrank ruhen lassen.

2. Den Backofen auf 180 °C (Umluft 160 °C) vorheizen und die Form einfetten. Den Teig auf einer bemehlten Arbeitsfläche ausrollen. Die Form damit auslegen und dabei den Rand formen. Den Teig mit einer Gabel mehrmals einstechen, mit Backpapier und getrockneten Hülsenfrüchten belegen und im vorgeheizten Backofen ca. 10 Minuten vorbacken.

3. Für den Belag die Wildkräuter gut waschen, mit Küchenkrepp trocken tupfen und klein hacken. Die Eier mit der Sahne und dem Schmand in einer Schüssel verquirlen.

4. Die Kräuter und den Käse dazugeben und mit Muskat, Salz und Pfeffer abschmecken. Den vorgebackenen Teig aus dem Ofen nehmen und die Hülsenfrüchte und das Backpapier entfernen.

5. Die Kräutermasse auf dem vorgebackenen Teig verteilen. Die Quiche im vorgeheizten Backofen 30–35 Minuten backen.

6. Die Quiche noch lauwarm genießen.

Tipp:
Sie müssen den Teig nicht zwingend vorbacken, bevor Sie die Füllung darauf verteilen. Die Backzeit erhöht sich dann um etwa 10 Minuten. Ist der Boden vorgebacken, wird die Quiche jedoch knuspriger!

Frankfurter
KRÄUTERSUPPE

Zubereitung:

1. Für die Suppe die Zwiebel abziehen und würfeln. Den Lauch putzen, waschen und in dünne Ringe schneiden. Die Kartoffeln schälen und grob würfeln.

2. Die Butter in einem Topf erhitzen und die Zwiebel darin glasig dünsten. Die Lauchringe und die Kartoffelwürfel dazugeben und kurz anbraten.

3. Mit der Gemüsebrühe ablöschen und bei geringer Hitze ca. 20 Minuten köcheln lassen. Dann die Suppe etwas abkühlen lassen.

4. Die Kräuter, waschen, trocken schütteln und grob schneiden. Die Kräuter und 150 ml Sahne zur Suppe geben und mit einem Pürierstab fein pürieren. Mit dem Zitronensaft, Salz und Pfeffer abschmecken.

5. Für die Croûtons das Brot in Würfel schneiden. Den Rosmarin waschen, mit Küchenkrepp trocken tupfen, die Nadeln abstreifen und fein hacken.

6. Das Öl in einer Pfanne erhitzen, den gehackten Rosmarin dazugeben und schwenken, damit er sein Aroma entfalten kann. Zum Schluss die Brotwürfel untermischen und ein paar Minuten rösten.

7. Die Suppe in Schalen geben und jeweils etwas von der Sahne hinzufügen. Mit den Croûtons und Blüten garniert servieren.

Zur Herstellung der berühmten **Frankfurter Grünen Soße** werden traditionell sieben Kräuter verwendet: Borretsch, Kerbel, Kresse, Petersilie, Pimpinelle, Sauerampfer und Schnittlauch.

Zutaten:

Für 4 Personen

Für die Suppe:

1 Zwiebel
1 Stange Lauch
400 g Kartoffeln
30 g Butter
750 ml Gemüsebrühe
1 Bund **Grüne-Soße-Kräuter**
200 ml süße Sahne
2–3 EL Zitronensaft
Salz, Pfeffer

Für die Croûtons:

3 Scheiben altbackenes Brot
2 Stängel Rosmarin
1–2 EL Olivenöl

Außerdem:

essbare Blüten zum Garnieren (z. B. **Hornveilchen-, Taubnesselblüten**)

Brunnenkresse-SUPPE

Zubereitung:

1. Die Kartoffeln schälen und in Würfel schneiden. In kochendem Wasser garen, in ein Sieb abgießen und mit kaltem Wasser abschrecken.

2. Die Zwiebeln und den Knoblauch abziehen und fein hacken. Die Kresse und den Giersch waschen und trocken schütteln. Etwas Brunnenkresse zum Garnieren beiseitestellen. Die restliche Brunnenkresse und den Giersch grob hacken.

3. Die Zwiebeln und den Knoblauch in einem Topf in dem heißen Öl glasig dünsten. Das Mehl hinzufügen und ca. 1 Minute anschwitzen lassen.

4. Unter Rühren die Gemüsebrühe dazugießen und aufkochen. Die Brunnenkresse und den Giersch dazugeben und zusammenfallen lassen.

5. Die Suppe mit einem Stabmixer pürieren. Die Crème fraîche unterrühren und alles mit Pfeffer und Muskatnuss abschmecken.

6. Die Eier pellen und in Spalten schneiden. Die Kartoffelwürfel auf Tellern verteilen und die Suppe hineinfüllen. Mit den Eiern, den Hanfsamen und der restlichen Brunnenkresse garniert servieren.

Tipp:
Den **Giersch** können Sie außerhalb der Saison auch durch Spinat ersetzen.

Zutaten:

Für 4 Personen

300 g festkochende Kartoffeln
80 g Zwiebeln
2 Knoblauchzehen
225 g **Brunnenkresse**
200 g **Giersch**

3 EL Pflanzenöl
50 g Mehl
1 l Gemüsebrühe, z. B. von Knorr
100 g Crème fraîche

4 hart gekochte Eier
30 g geschälte **Hanfsamen**
geriebene Muskatnuss
Pfeffer

KRÄUTER-Kartoffelsuppe

Giersch ist als unliebsames Unkraut bekannt, das sich nur schwierig wieder aus dem Garten entfernen lässt. Dabei ist das Kraut sehr gesund und enthält eine Vielzahl an Vitaminen und Nährstoffen.

Zutaten:

Für 4 Personen

1 Zwiebel
300 g Kartoffeln
1 Zucchini
2 Handvoll **Spitzwegerich**
1 Handvoll **Brennnessel**
1 Handvoll **Giersch**
3 EL Pflanzenöl
200 ml Weißwein
500 ml Gemüsebrühe
100 ml süße Sahne
1–2 EL Zitronensaft
gemahlene Muskatnuss
Salz, Pfeffer

Zubereitung:

1. Die Zwiebel abziehen und fein würfeln. Die Kartoffeln schälen und würfeln. Die Zucchini putzen, waschen und ebenfalls würfeln. Die Kräuter waschen, trocken schütteln und fein hacken.

2. Das Öl in einem Topf erhitzen und die Zwiebel darin glasig dünsten. Die Kartoffel- und Zucchiniwürfel hinzufügen und kurz anbraten. Mit dem Weißwein ablöschen. Dann die Gemüsebrühe angießen, die Kräuter hinzufügen und die Suppe 15–20 Minuten köcheln lassen.

3. Die Suppe pürieren und die Sahne hinzufügen. Mit Zitronensaft, Muskat, Salz und Pfeffer abschmecken. Dazu passt frisches Baguette.

FLIEDERBEERSUPPE
mit Grießklößchen

Zutaten:
Für 2 Personen

Für die Suppe:
500 g **Fliederbeeren**
250 g Äpfel
10–15 g Stärkemehl
Zucker
Saft von ½ Zitrone

Für die Grießklößchen:
250 ml Milch
30 g Butter
1 Prise Salz
20 g Zucker
125 g Grieß
2 Eier

Zubereitung:

1. Die Fliederbeeren in 1 ½ l Wasser kochen und dann durchsieben. Die Äpfel waschen, schälen, achteln und entkernen. Danach ca. 5 Minuten im Fliederbeerensud garen.

2. Mit dem Mehl die Suppe binden. Je nach Geschmack mit Zucker süßen und mit dem Zitronensaft abschmecken.

3. Für die Grießklößchen die Milch aufkochen und die Butter sowie das Salz hinzugeben. Den Zucker und den Grieß einstreuen und verrühren, bis sich ein Kloß bildet, der sich vom Topfboden löst.

4. Die Eier nacheinander unterrühren und erkalten lassen. Dann die Klöße abstechen und in der Suppe 15 Minuten gar ziehen lassen.

Diese norddeutsche Spezialität kann man sowohl als Vorspeise als auch als Dessert reichen.

Brunnenkresse-SALAT

Zutaten:

Für 3 Personen

100 g Khorasan-Weizen
1 reife Mango
1 reife Avocado
50 g **Brunnenkresse**
100 g **Giersch**
20 g **Walnüsse**
2 Limetten
20 g Minze
1 EL Olivenöl
1 TL Instant-Gemüsebrühe, z. B. von Knorr
½ TL Kurkumapulver

Khorasan-Weizen ist ein naturbelassenes Urgetreide. Seine Körner ähneln herkömmlichem Weizen, sind aber ungefähr doppelt so groß.

Zubereitung:

1. Den Khorasan-Weizen nach Packungsanweisung kochen, in ein Sieb abgießen und abkühlen lassen. Die Mango schälen, seitlich am Kern das Fruchtfleisch herunterschneiden und in dünne Spalten schneiden. Die Avocado halbieren, den Kern herauslösen, das Fruchtfleisch mit einem Esslöffel herausnehmen und in dünne Spalten schneiden.

2. Die Brunnenkresse und den Giersch waschen und in einem Sieb abtropfen lassen. Die Walnüsse grob hacken und eine der Limetten auspressen. Die zweite Limette waschen und in Spalten schneiden. Die Minze waschen, die Hälfte fein hacken, die andere Hälfte als Salatzutat beiseitestellen.

3. Für das Dressing den Limettensaft mit dem Öl, der gehackten Minze, der Instant-Gemüsebrühe und dem Kurkuma verrühren. Die Salatzutaten auf Tellern anrichten und mit dem Dressing beträufeln.

WILDKRÄUTER-Salat

Zutaten:

Für 4 Personen

Für den Salat:
200 g Rucola
200 g **Löwenzahn**
2 Avocados
1 rote Zwiebel
12 Wachteleier
1 Handvoll Pekannusse

Für das Dressing:
Saft von 1 Limette
6 EL Olivenöl
1 TL Honig
Chiliflocken
Salz, Pfeffer

Außerdem:
1 Handvoll Veilchenblüten

Zubereitung:

1. Den Rucola und den Löwenzahn waschen, trocken schütteln, in mundgerechte Stücke zupfen und auf Tellern verteilen.

2. Die Avocados halbieren, den Stein entfernen, das Fruchtfleisch herauslösen und in vier Portionen aufteilen. Die Zwiebel abziehen, halbieren, in feine Ringe schneiden und mit den Avocados auf dem Salat verteilen.

3. Die Eier in kochendem Wasser 2½–3 Minuten wachsweich kochen. Mit kaltem Wasser abschrecken, pellen und halbieren. Mit den Pekannüssen gleichmäßig auf den Tellern verteilen.

4. Für das Dressing den Limettensaft mit dem Olivenöl und dem Honig verrühren. Mit Chiliflocken, Salz und Pfeffer abschmecken. Über den Salat träufeln und mit den Veilchen dekoriert servieren.

Kartoffel-Carpaccio mit BLÜTENSALAT

Zutaten:

Für 6 Portionen

Für das Carpaccio:

400 g gegarte mehligkochende Kartoffeln
400 g rohe mehligkochende Kartoffeln
1 Ei
80 g Kartoffelmehl
3 EL Olivenöl
gemahlene Muskatnuss
Salz

Für das Dressing:

100 g Speckwürfel
2 Limetten
2 EL Zucker
2 EL Olivenöl
2 TL **Lavendelblüten**
frisch gemahlener Pfeffer
Salz

Für den Salat:

150 g gemischter Blattsalat
100 g **essbare Blüten** (z. B. **Borretschblüten, Hornveilchen**)

Tipp:
Soll es einmal schnell gehen, können Sie für das Carpaccio auch eine Packung Pfanni für Kartoffelknödel (halb und halb) verwenden und diese nach Packungsanweisung zubereiten.

Zubereitung:

1. Für das Carpaccio die gegarten Kartoffeln pellen und durch eine Kartoffelpresse drücken. Die rohen Kartoffeln schälen, reiben, auf ein Tuch geben und auspressen. Dabei die austretende Flüssigkeit auffangen.

2. Beide Kartoffelmassen zusammen mit dem Ei vermengen, mit Muskat und Salz abschmecken. Dann das Kartoffelmehl unterrühren, den Teig gut verkneten und 20 Minuten ruhen lassen.

3. In einem großen Topf reichlich Wasser, die aufgefangene Stärke und Salz aufkochen lassen. Die Kartoffelmasse zu Knödeln formen, in das kochende Wasser geben und die Hitze reduzieren. Die Knödel ca. 20 Minuten im nicht mehr kochenden Wasser ziehen lassen. Dann herausnehmen und abkühlen lassen.

4. Den Backofen auf 220 °C (Umluft 200 °C) vorheizen. Ein Backblech mit Backpapier auslegen und mit einem Esslöffel Öl bestreichen. Die Knödel in dünne Scheiben schneiden, auf das Backblech legen, mit 2 Esslöffeln Öl bestreichen und im vorgeheizten Backofen ca. 20 Minuten goldbraun backen. Dabei einmal wenden.

5. Für das Dressing die Speckwürfel in einer Pfanne ohne Fett knusprig anbraten und abtropfen lassen. Die Limetten auspressen. Den Limettensaft und den Zucker mit Salz und Pfeffer verrühren. Das Olivenöl vorsichtig unterschlagen. Die Lavendelblüten und die Speckwürfel dazugeben.

6. Den Blattsalat und die essbaren Blüten putzen, waschen und trocken schütteln. Mit etwas von dem Dressing anmachen.

7. Die Knödelscheiben ringförmig auf Tellern anrichten und mit dem restlichen Dressing beträufeln. Den Salat als Bouquet in der Mitte anrichten und mit frisch gemahlenem Pfeffer bestreut servieren.

Gefüllte Kräuter-PORTOBELLO-Pilze

Zutaten:

Für 2 Portionen

3–4 Portobello-Pilze
1 Handvoll **Giersch**
1 kleine Zucchini
1 Schalotte
2 EL Olivenöl
je 3 Stängel Thymian, Bohnenkraut und glatte Petersilie
100 g Mozzarella
Chilipulver
Salz, Pfeffer

Zubereitung:

1. Den Backofen auf 200 °C (Umluft 180 °C) vorheizen.

2. Die Pilze mit einem Pilz- oder Kuchenpinsel säubern, jedoch nicht waschen! Die Stiele herausschneiden und mit einem kleinen Löffel vorsichtig die dunklen Lamellen aus den Pilzen herausschaben.

3. Den Giersch waschen, trocken schütteln und grob hacken. Die Zucchini waschen, trocken reiben und in sehr kleine Würfel schneiden. Die Schalotte abziehen und ebenfalls sehr fein würfeln.

4. Das Öl in einer Pfanne erhitzen und die Schalotten- und Zucchiniwürfel darin ca. 3 Minuten scharf anbraten. Den Giersch hinzufügen und kurz mitdünsten. Mit Chilipulver, Salz und Pfeffer würzen, dann vom Herd nehmen und etwas abkühlen lassen.

5. Die restlichen Kräuter waschen und trocken schütteln. Einen Stängel Thymian grob zerrupfen und für die Dekoration beiseitelegen, die restlichen Kräuter fein hacken. Den Mozzarella in kleine Würfel schneiden.

6. Die Kräuter mit der Hälfte des Mozzarellas und dem Giersch sowie den Schalotten- und den Zucchiniwürfeln vermengen und die Pilze damit füllen. Mit dem restlichen Mozzarella bestreuen.

7. Die Pilze in eine Auflaufform setzen und im vorgeheizten Backofen 15–20 Minuten backen. Aus dem Ofen nehmen, mit dem beiseitegelegten Thymian garnieren und servieren.

Champignons

Portobello

Im Grunde genommen ist der **Portobello-Pilz** nur ein sehr groß geratener Champignon. Aufgrund der Lamellenausbildung ist der Geschmack allerdings kräftiger als bei den kleinen Champignons. Durch ihre starke und knackige Textur eignen sich Portobello-Pilze auch besonders gut als Fleischersatz.

Gefüllte Kräuter-Portobello-Pilze

Zutaten:

Für 4 Personen

Für die Paprika:

250 g Reis
4 Paprikaschoten
200 g **Wildkräuter** (z. B. **Brennnessel, Löwenzahn, Sauerampfer, Spitzwegerich**)
1 Zwiebel
1 Knoblauchzehe
100 g Mozzarella
2 EL Olivenöl
Salz, Pfeffer

Für den Salat:

200 g Rucola
2 EL Balsamico-Essig
4 EL Olivenöl
Salz, Pfeffer

Gefüllte KRÄUTER-PAPRIKA mit Rucolasalat

Zubereitung:

1. Den Backofen auf 180 °C (Umluft 200 °C) vorheizen. Eine Auflaufform einfetten.
2. Den Reis nach Packungsanweisung kochen. Die Paprika halbieren, putzen, entkernen und waschen. Die Kräuter waschen, trocken schütteln und grob hacken.
3. Die Zwiebel und den Knoblauch abziehen und fein hacken. Den Mozzarella in feine Würfel schneiden.
4. Das Öl in einer Pfanne erhitzen und die Zwiebel und den Knoblauch darin glasig dünsten. Die Kräuter hinzufügen und kurz mitdünsten. Mit Salz und Pfeffer abschmecken und mit dem Reis vermengen.
5. Die Paprikahälften in die Auflaufform stellen, mit der Reis-Kräuter-Mischung befüllen und den Mozzarella darüberstreuen. Im vorgeheizten Backofen 30–40 Minuten backen.
6. Für den Salat den Rucola putzen, waschen und trocken schütteln. Den Essig mit dem Öl verrühren und mit Salz und Pfeffer würzen.
7. Den Salat auf Tellern anrichten, das Balsamico-Dressing darüberträufeln und die Paprika daraufsetzen.

WILDKRÄUTER-Frittata

Zutaten:

Für 4 Personen

2 Schalotten
1 Knoblauchzehe
3 EL Pflanzenöl
150 g **Wildkräuter** (z. B. **Giersch, Löwenzahn, Brennnessel, Bärlauch, Sauerampfer**)
2 Tomaten
100 g Fetakäse
8 Eier
100 ml Milch
gemahlener Muskat
Salz, Pfeffer

Zubereitung:

1. Den Backofen auf 200 °C (Umluft 180 °C) vorheizen.

2. Die Schalotten und den Knoblauch abziehen und fein hacken. Das Öl in einer ofenfesten Pfanne erhitzen und die Schalotten sowie den Knoblauch darin glasig dünsten. Dann vom Herd nehmen und etwas abkühlen lassen.

3. Die Kräuter waschen, trocken schütteln und grob hacken. Die Tomaten waschen, vierteln, entkernen und den Stielansatz entfernen. Die Tomatenviertel in kleine Stücke schneiden. Den Fetakäse zerbröckeln.

4. Die Eier mit der Milch verquirlen und mit Muskat, Salz und Pfeffer würzen. Zu den Schalotten in die Pfanne geben und die Kräuter, die Tomatenstücke sowie den Feta darauf verteilen. Im vorgeheizten Backofen 15–20 Minuten backen.

5. Aus dem Backofen nehmen, etwas abkühlen lassen und servieren. Dazu passt Brot.

Wildkräuter-FALAFEL im Wrap

Zutaten:

Für 4 Personen

Für die Wraps:

400 g Kichererbsen (aus der Dose)
3 EL Semmelbrösel
1 Handvoll **Wildkräuter** (z. B. **Giersch, Bärlauch, Löwenzahn**)
8 Blätter Kopfsalat
1 rote Zwiebel
2 Tomaten
8 Wraps
50 g Alfalfasprossen
½ Bund gehackte Petersilie
Kreuzkümmel
Salz, Pfeffer

Für die Joghurt-Soße:

200 g Naturjoghurt
1 EL Zitronensaft
Salz, Pfeffer

Außerdem:

Öl zum Ausbacken

Zubereitung:

1. Die Kichererbsen abgießen, abspülen und gut abtropfen lassen. Dann pürieren, mit den Semmelbröseln vermengen und mit Salz, Pfeffer und Kreuzkümmel würzen.
2. Die Wildkräuter waschen, trocken schütteln, fein hacken und unter die Kichererbsen kneten. Mit nassen Händen kleine Bällchen formen.
3. Die Falafel in heißem Öl 2–3 Minuten goldbraun ausbacken. Auf Küchenkrepp abtropfen lassen.
4. Für die Joghurt-Soße den Joghurt mit dem Zitronensaft verrühren und mit Salz und Pfeffer abschmecken.
5. Den Salat waschen und trocken schütteln. Die Zwiebel abziehen und würfeln. Die Tomaten waschen, putzen und ebenfalls würfeln. Die Wraps erwärmen und mit allen Zutaten nach Belieben füllen.

Tipp:
Variieren Sie die Wrap-Füllung nach Ihrem Geschmack, z. B. mit Avocado oder Feta.

BRENNNESSEL-
Zucchini-Puffer

Zubereitung:

1. Die Zucchini putzen, waschen und mit einer Küchenreibe raspeln. Die Zucchiniraspel mit den Händen gut ausdrücken.

2. Die Brennnesseln waschen, in ein Sieb geben und mit kochendem Wasser übergießen. Gut abtropfen lassen und fein hacken. Die Frühlingszwiebeln waschen, putzen und in dünne Ringe schneiden.

3. Die Eier, die Instant-Gemüsebrühe, das Mehl und das Backpulver in einer Schüssel verrühren. Den Feta zerbröseln und die Hälfte mit den Zucchiniraspeln und den Brennnesseln in die Schüssel geben. Alles gut miteinander vermischen.

4. Aus der Masse Puffer formen und in einer Pfanne im heißen Öl bei mittlerer Hitze von beiden Seiten 2–3 Minuten goldbraun backen. Die Puffer im Backofen warm stellen.

5. Für den Joghurt-Dip die Kräuter waschen, trocken schütteln und fein hacken. Den Knoblauch abziehen und hacken. Die Zitrone heiß abwaschen, mit Küchenkrepp trocken reiben, die Schale abreiben und auspressen.

6. Den Joghurt mit den Kräutern, dem Knoblauch, dem restlichen Feta und der Zitronenschale verrühren. Mit dem Zitronensaft und Pfeffer abschmecken.

7. Die Puffer auf Tellern anrichten und den Dip in Schälchen füllen. Mit gehackten Walnüssen, Hanfsamen und Brunnenkresse garniert servieren.

Die **Brennnessel** eine sogenannte Zeigerpflanze. Wo sie wächst, braucht in der Regel nicht gedüngt zu werden. Dort ist auch ein guter Standort für Tomaten, Kohl, Zucchini oder Gurken.

Zutaten:

Für 4 Portionen

Für die Puffer:
400 g kleine Zucchini
100 g **Brennnesseln**
60 g Frühlingszwiebeln
2 Eier
1 TL Instant-Gemüsebrühe, z. B. von Knorr
130 g Mehl
1 TL Backpulver
150 g Feta
2 EL Pflanzenöl

Für den Joghurt-Dip:
1 Stängel Minze
1 Stängel Koriander
1 Knoblauchzehe
1 unbehandelte Zitrone
150 g Naturjoghurt
Salz, Pfeffer

Außerdem:
gehackte **Walnüsse**
geschälte **Hanfsamen**
Brunnenkresse

Hausgemachte KRÄUTER-Gnocchi

Zutaten:

Für 4 Portionen

100 g **Wildkräuter** (z. B. **Brennnessel, Giersch, Bärlauch**)
800 g mehligkochende Kartoffeln
250 g Dinkelmehl
1 TL Salz
1 Msp. gemahlene Muskatnuss
2 Eier
80 g Butter

Gnocchi mit Salbeibutter

Zubereitung:

1. Die Kräuter waschen und kurz in kochendem Wasser blanchieren. Sofort mit kaltem Wasser abschrecken, auf einem Sieb abtropfen lassen und dann gründlich ausdrücken. Mit dem Pürierstab oder im Mixer fein pürieren.

2. Die Kartoffeln in reichlich Salzwasser ca. 25 Minuten weich kochen. Das Wasser abgießen und die Kartoffeln ca. 5 Minuten abtropfen lassen. Dann schälen und durch die Kartoffelpresse drücken.

3. Die Kartoffelmasse mit den Kräutern, dem Mehl, dem Salz und dem Muskat verkneten. Die Eier und die Butter hinzufügen und alles zügig zu einem glatten Teig verkneten.

4. Den Teig auf einer leicht bemehlten Arbeitsfläche in ca. 2 cm dicke Rollen formen und jeweils 2 cm lange Stücke abschneiden. Die Stückchen zu länglichen Kugeln formen und mit den Zinken einer Gabel Rillen hineindrücken.

5. In einem großen Topf reichlich Salzwasser erhitzen. Die Gnocchi portionsweise jeweils ca. 4 Minuten im siedenden Wasser garen, bis sie an die Wasseroberfläche steigen. Mit einer Schaumkelle herausnehmen und abtropfen lassen.

6. Dazu passt Tomatensoße oder Salbei- bzw. Zitronenbutter.

Hausgemachte KRÄUTER-Pasta

Zutaten:

Für 4 Portionen

4 Eier
400 g Mehl
1 EL Olivenöl
1 Prise Salz
1 Handvoll **Bärlauch**
1 Handvoll **Gundermann**

Tipp:
Sie können den fertigen Teig auch einfrieren. Dazu den Teig zu einer flachen Platte formen und gut verpackt in die Gefriertruhe legen. 30–45 Minuten vor der Verwendung den Teig herausnehmen, auspacken und auftauen lassen.

Zubereitung:

1. Die Eier, das Mehl, das Öl und das Salz in eine Schüssel geben und zu einem geschmeidigen Teig verkneten. Wenn nötig, noch etwas Mehl oder Wasser hinzugeben.

2. Den Teig in Frischhaltefolie wickeln und ca. 30 Minuten im Kühlschrank ruhen lassen. Währenddessen die Kräuter waschen, trocken schütteln und die Blätter von den Stielen zupfen.

3. Nach der Ruhezeit den Teig in 4 gleich große Portionen teilen. Auf einer bemehlten Arbeitsfläche mit dem Nudelholz so dünn wie möglich ausrollen oder den Teig mit der Nudelmaschine von Stufe 1 bis Stufe 6 durchwalzen.

4. Sobald der ganze Teig ausgerollt ist, jeweils ein Teigblatt mit Bärlauch- und Gundermannblättern belegen. Mit einem zweiten Teigblatt abdecken und den Teig etwas zusammendrücken. Die gefüllten Teigblätter wiederum dünn mit dem Nudelholz ausrollen oder von Stufe 2 bis 5 durch die Nudelmaschine walzen.

5. Den Teig mit dem Messer in dünne Streifen zu Bandnudeln schneiden oder durch den Bandnudelaufsatz der Nudelmaschine drehen. Die frischen Nudeln in kochendem Wasser ca. 3–4 Minuten kochen.

Nudeln trocknen

An der Luft: Nudeln in kleinen Nestern auf einem Geschirrtuch zusammenlegen. Die Pasta mit Mehl oder Hartweizengrieß bestreuen, damit sie nicht zusammenklebt und 48 Stunden lang trocknen.

Im Backofen: Nudeln auf einem Backblech ausbreiten und im Backofen bei 35–40 °C ca. 24 Stunden trocknen. Damit die Feuchtigkeit entweichen kann, die Tür des Backofens geöffnet lassen.

BÄRLAUCH-Sahne-Soße

Zutaten:

Für 2 Personen

250 g Tagliatelle
1 Zwiebel
1 Knoblauchzehe
200 g **Bärlauch**
2 EL Olivenöl
250 ml süße Sahne
1–2 TL Zitronensaft
Salz, Pfeffer

Tipp:
Die Soße schmeckt auch zu Gnocchi oder Hähnchen.

Zubereitung:

1. Die Tagliatelle nach Packungsanweisung al dente kochen. Die Zwiebel sowie den Knoblauch abziehen und fein würfeln. Den Bärlauch waschen, trocken schütteln und in feine Streifen schneiden.

2. Das Öl in einem Topf erhitzen und die Zwiebel und den Knoblauch darin glasig dünsten. Den Bärlauch dazugeben und kurz mit dünsten. Dann die Sahne angießen und die Soße ca. 10 Minuten köcheln lassen.

3. Die Soße mit Zitronensaft, Salz und Pfeffer abschmecken. Die Tagliatelle mit der Soße auf Tellern anrichten und servieren.

Berberitzen-Reis ist ein persisches Gericht und wird dort Zereshk Polo genannt. Die Kruste, die am Boden entsteht, ist eine wahre Spezialität und wird in Persien Tahdig genannt.

Safran-Reis mit BERBERITZEN

Zutaten:

Für 4 Personen

300 g Basmatireis
2 TL Safranfäden
2 TL Rohrzucker
60 g Butter
½ TL gemahlener Kardamom
½ TL Kreuzkümmel
50 g getrocknete **Berberitzen**
50 g Pistazien
1 kleine rote Zwiebel
2 EL Pflanzenöl
Salz

Zubereitung:

1. Den Reis in Salzwasser bissfest garen. In ein Sieb gießen, kurz mit kaltem Wasser abspülen und abtropfen lassen.
2. Den Safran mit dem Zucker im Mörser fein mahlen und mit 20 g von der Butter vermengen.
3. Die restliche Butter in einer Pfanne erhitzen und den Kardamom sowie den Kreuzkümmel hinzufügen. Dann den Reis dazugeben, aber nicht umrühren! Die Safran-Butter auf dem Reis verteilen. Mit geschlossenem Deckel bei schwacher Hitze 30–40 Minuten braten.
4. Die Berberitzen in eine Schüssel geben, mit warmem Wasser bedecken und ca. 20 Minuten quellen lassen. Dann abgießen und abtropfen lassen. Die Pistazien hacken. Die Zwiebel abziehen und hacken.
5. Das Öl in einer Pfanne erhitzen und die Zwiebel darin glasig dünsten. Die Berberitzen dazugeben und 2–3 Minuten mitdünsten.
6. Wenn sich eine Kruste am Boden gebildet hat, den Reis auf einen großen Teller stürzen. Die Berberitzen-Zwiebel-Mischung darüber verteilen und mit den Pistazien bestreut servieren.

MAULTASCHEN
mit Wildkräuterfüllung

Zutaten:

Für 4 Personen

Für den Maultaschenteig:

4 Eier
300 g Mehl
4 EL Hartweizengrieß
1 Prise Salz

Für die Füllung:

300 g **Wildkräuter** (z. B. **Knoblauchsrauke, Bärlauch, Vogelmiere**)
1 Zwiebel
2 Eigelb
150 g Ziegenfrischkäse
100 g geriebener Manchego
100 g Semmelbrösel
1 Prise gemahlene Muskatnuss
Salz, Pfeffer

Für die Tomatensoße:

750 g Tomaten
1 Zwiebel
2 Knoblauchzehen
3 EL Olivenöl
2 EL Tomatenmark
Salz, Pfeffer

Außerdem:

Fett für die Form
150 g geriebener Emmentaler

Zubereitung:

1. Für den Teig 3 Eier mit 5 Esslöffeln Wasser verquirlen. Mit dem Mehl, dem Grieß und dem Salz zu einem glatten Teig verkneten. Den Teig zu einer Kugel formen, in Frischhaltefolie wickeln und ca. 30 Minuten in den Kühlschrank stellen.

2. Für die Tomatensoße die Tomaten waschen, vierteln und die Stielansätze entfernen. Die Tomatenviertel würfeln. Die Zwiebel und den Knoblauch abziehen und fein würfeln. In einem Topf in dem erhitzten Öl glasig dünsten. Das Tomatenmark hinzufügen, kurz mitrösten, die Tomaten hinzugeben und alles mit Salz und Pfeffer würzen. Unter gelegentlichem Rühren bei niedriger Hitze ca. 35–40 Minuten sanft köcheln lassen.

3. Für die Füllung die Kräuter waschen und kurz in kochendem Wasser blanchieren. Sofort kalt abschrecken, gründlich ausdrücken und mit dem Pürierstab oder im Mixer pürieren. Die Zwiebel abziehen und fein würfeln. Mit den Kräutern, den Eigelben, dem Ziegenfrischkäse, dem Manchego und den Semmelbröseln verrühren und mit dem Muskat, Salz und Pfeffer abschmecken.

4. Den Teig erneut durchkneten, in 4 gleich große Portionen aufteilen und dünn auf einer bemehlten Arbeitsfläche in ca. 10 x 30 cm große Bahnen ausrollen. Das übrige Ei verquirlen und mit einem Pinsel auf den Teig streichen. Jeweils 1–2 Teelöffel von der Füllung mit ca. 2–3 cm Abstand auf die Hälfte der Teigplatten geben. Je eine weitere Bahn darauflegen und am Rand sowie in den Zwischenräumen gut festdrücken. Die Maultaschen mit einem Teigrad ausschneiden.

5. Den Backofen auf 200 °C (Umluft 180 °C) vorheizen. Eine Auflaufform einfetten.

6. In einem Topf reichlich Salzwasser zum Kochen bringen und die Maultaschen ca. 10 Minuten im siedenden Wasser garen. Mit einer Schaumkelle herausnehmen und abtropfen lassen.

7. Die Tomatensoße durch ein Sieb streichen und noch einmal mit Salz und Pfeffer abschmecken. Die Maultaschen in eine Auflaufform geben, die Tomatensoße darübergießen und alles mit dem geriebenen Käse bestreuen. Im vorgeheizten Backofen 10–15 Minuten goldbraun überbacken.

Zutaten:

Für 1 Blech

Für den Teig:
200 g Mehl (Type 405 oder 550)
1 gestrichener TL Salz
1 EL Öl
120 ml Wasser

Für den Belag:
3 reife Rispentomaten
1 Bund **Bärlauch**
100 g Gouda am Stück
6 EL Crème fraîche
Salz, Pfeffer

Flammkuchen mit BÄRLAUCH und Tomaten

Zubereitung:

1. Das Mehl, das Salz, das Öl und das Wasser mit den Händen zu einem glatten Teig verkneten. Wenn der Teig zu flüssig ist, kann man noch etwas Mehl einarbeiten. Den Teig ca. 15 Minuten ruhen lassen.

2. Den Backofen auf 250 °C (Umluft 230 °C) vorheizen.

3. In der Zwischenzeit die Tomaten waschen, vierteln, entkernen und in Stücke schneiden. Den Bärlauch waschen und abtropfen lassen. Die eine Hälfte fein hacken, die andere in Streifen schneiden. Den Gouda grob raspeln oder in kleine Stücke schneiden.

4. Den Teig auf einer bemehlten Arbeitsfläche sehr dünn ausrollen und auf ein mit Backpapier belegtes oder mit Öl eingefettetes Backblech geben.

5. Die Crème fraîche mit dem gehackten Bärlauch verrühren, mit Salz und Pfeffer würzen und gleichmäßig auf dem Teig verteilen.

6. Mit den Tomatenstücken belegen, den Gouda darüberstreuen und im vorgeheizten Backofen 12–15 Minuten backen. Vor dem Servieren den Flammkuchen mit den Bärlauchstreifen bestreuen.

Tipp:
Wer es besonders würzig mag, kann den Gouda durch einen kräftigen Bergkäse ersetzen oder zum Schluss noch etwas Parmesan über den Gouda streuen.

Zutaten:

Für 2 Personen

400 g Lachsfilet
1 Knoblauchzehe
1 unbehandelte Zitrone
1 Handvoll **Wildkräuter** (z. B. **Giersch, Bärlauch, Spitzwegerich**)
40 g Macadamianüsse
30 g weiche Butter
3–4 EL Semmelbrösel
Salz, Pfeffer

Außerdem:
Backpapier für das Backblech

Lachsfilet mit
KRÄUTERKRUSTE

Zubereitung:

1. Den Backofen auf 200 °C (Umluft 180 °C) vorheizen und ein Backblech mit Backpapier auslegen.

2. Den Lachs (TK-Ware vorher auftauen lassen) unter fließend kaltem Wasser abwaschen, mit Küchenkrepp trocken tupfen und eventuell vorhandene Gräten entfernen. Dann auf das Backblech legen.

3. Die Knoblauchzehe abziehen und fein hacken. Die Zitrone heiß abwaschen, trocken reiben, die Schale abreiben und den Saft auspressen. Die Wildkräuter waschen und trocken schütteln und fein hacken. Die Macadamianüsse ebenfalls fein hacken.

4. In einer Schüssel die Butter mit dem Knoblauch, dem Zitronenabrieb und den Wildkräutern vermengen. Dann die Semmelbrösel unterrühren und die Panade mit Zitronensaft, Salz und Pfeffer abschmecken.

5. Die Panade auf dem Lachs verteilen und mit den Händen leicht andrücken. Den Lachs im vorgeheizten Ofen ca. 25 Minuten backen. Dazu passen in Butter geschwenkte Gnocchi oder Salzkartoffeln.

Tipp:
Die Macadamianüsse können Sie auch durch Walnüsse ersetzen. Käseliebhaber können zusätzlich 30 g Parmesan hinzufügen.

Tipp:
Wenn das Sanddornmus zu dickflüssig ist, können Sie noch etwas Orangensaft unterrühren.

REISPUDDING
mit Sanddornmus

Zutaten:
Für 4–6 Personen

Für den Reispudding:
300 ml Milch
2 Päckchen Vanillezucker
150 g Milchreis
250 ml süße Sahne

Für das Sanddornmus:
1 Vanilleschote
1 Apfel
200 g **Sanddorn**
Saft von ½ Orange
2 EL Honig

Zubereitung:
1. Die Milch aufkochen, den Vanillezucker und den Milchreis einrühren und aufkochen. Die Hitze reduzieren und den Milchreis ca. 20 Minuten leicht köcheln lassen, bis er weich ist. Dabei gelegentlich rühren. Dann vom Herd nehmen und abkühlen lassen.

2. Die Vanilleschote längs aufschneiden und das Mark auskratzen. Den Apfel schälen, vierteln, entkernen und fein würfeln. Die Sanddornbeeren waschen. Mit dem Vanillemark, den Apfelwürfeln, dem Orangensaft und dem Honig in einem Topf zum Kochen bringen. Ca. 15 Minuten köcheln lassen. Dann fein pürieren, vom Herd nehmen und abkühlen lassen.

3. Die Sahne steif schlagen und vorsichtig unter den abgekühlten Milchreis heben. Den Reispudding auf die Dessertgläser verteilen und kalt stellen.

4. Das abgekühlte Sanddorn-Apfel-Püree durch ein feines Sieb streichen, auf den Reispudding geben und das Dessert servieren.

Hollerküchle
IM BIERTEIG

Zutaten:
Für 4 Personen

10–12 **Holunderblütendolden**
2 Eier
200 g Mehl
250 ml Bier
1 Prise Salz
1 Päckchen Vanillezucker

Außerdem:
Fett zum Ausbacken
Puderzucker zum Bestäuben

Zubereitung:
1. Die Holunderblütendolden gründlich waschen und gut abtropfen lassen. Die Eier mit dem Mehl, dem Bier, dem Salz und dem Vanillezucker zu einem glatten Teig verrühren.

2. In einem großen Topf oder einer hohen Pfanne ausreichend Fett erhitzen. Blütendolden nacheinander in den Teig tauchen, etwas abtropfen lassen und portionsweise im heißen Fett 2–3 Minuten goldgelb ausbacken.

3. Herausnehmen und auf Küchenkrepp abtropfen lassen. Mit Puderzucker bestäuben. Dazu schmeckt Vanilleeis.

Achtung!
Die Stiele nicht mitessen.

SANDDORN-
Macarons

Zutaten:

Für ca. 40 Stück

Für die Macarons:

120 g gemahlene blanchierte Mandeln
250 g Puderzucker
3 Eiweiß
1 Prise Salz
orange Lebensmittelfarbe

Für die Füllung:

100 g **Sanddornbeeren**
100 g Zucker
100 g weiche Butter
100 g Frischkäse
50 g Puderzucker

Zubereitung:

1. Zwei Backbleche mit Backpapier auslegen.

2. Für die Macarons die Mandeln und den Puderzucker sieben. Das Eiweiß mit dem Salz steif schlagen, dabei die Lebensmittelfarbe hinzufügen. Dann die Mandel-Puderzucker-Mischung nach und nach vorsichtig mit dem Teigschaber unter den Eischnee heben.

3. Die Masse in einen Spritzbeutel füllen und ca. 40 gleich große Kreise auf die Backbleche spritzen. Ca. 30 Minuten etwas antrocknen lassen. Kurz vor Ende der Ruhezeit den Backofen auf 140 °C (Umluft 120 °C) vorheizen.

4. Für die Füllung in der Zwischenzeit den Sanddorn verlesen, waschen und mit 50 ml Wasser und dem Zucker in einem kleinen Topf zum Kochen bringen. Ca. 10 Minuten köcheln lassen. Dann pürieren, vom Herd nehmen und abkühlen lassen.

5. Die Macarons im vorgeheizten Backofen ca. 12 Minuten backen. Dann aus dem Ofen nehmen und vollständig abkühlen lassen.

6. Das Sanddornpüree durch ein Sieb streichen und mit der Butter, dem Frischkäse und dem Puderzucker verrühren. In einen Spritzbeutel füllen.

7. Jeweils auf den Boden einer Macaron-Hälfte einen Klecks Sanddorncreme spritzen, dann einen Deckel aufsetzen und leicht andrücken. Die Macarons bis zum Servieren kalt stellen und schnellstmöglich verzehren.

Sanddornfrüchte enthalten neben Vitamin C alle **B-Vitamine**, die für viele Funktionen im Körper unerlässlich sind.

LAVENDEL-
Mürbeteig-Kekse

Zutaten:

Für ca. 30 Kekse

120 g kalte Butter
40 g Zucker
1 Päckchen Vanillezucker
1 Prise Salz
1 Ei
160 g Mehl
1 TL Backpulver
Abrieb von ½ unbehandelten Zitrone
1 EL getrocknete **Lavendelblüten**

Tipp:
Besonders hübsch sehen die Kekse aus, wenn sie im rohen Zustand noch mit grobem Zucker bestreut werden.

Zubereitung:

1. Die Butter mit dem Zucker, dem Vanillezucker und dem Salz in einer Schüssel mit den Knethaken des Handrührgeräts verrühren. Dann das Ei unterrühren.

2. Das Mehl, das Backpulver, den Zitronenabrieb und die Lavendelblüten hinzufügen und alles mit den Händen zügig zu einem glatten Teig verkneten. Ca. 30 Minuten im Kühlschrank ruhen lassen.

3. Den Backofen auf 180 °C (Umluft 160 °C) vorheizen. Backblech mit Backpapier auslegen.

4. Den Teig ca. 1 cm dick ausrollen. Mit einer runden Ausstechform die Kekse ausstechen und auf das Backblech legen. Ca. 12 Minuten im vorgeheizten Backofen backen.

BLÜTENKEKSE
mit Hornveilchen

Zutaten:
Für ca. 40 Kekse

2 Handvoll **Hornveilchenblüten**
200 g Mehl
90 g Zucker
1 Päckchen Vanillezucker
1 Prise Salz
160 g kalte Butter
Abrieb von ½ unbehandelten Orange
1 Ei

Außerdem:
Zucker zum Bestreuen

Zubereitung:

1. Die Blüten vorsichtig waschen und mit Küchenkrepp trocken tupfen.
2. Das Mehl mit dem Zucker, dem Vanillezucker und dem Salz vermischen. Die Butter und den Orangenabrieb dazugeben. Alles zu einer glatten Masse verkneten. Dann das Ei zügig unterrühren. Ca. 1 Stunde kalt stellen.
3. Den Teig etwa 1 cm dick ausrollen. Mit einer Ausstechform die Kekse ausstechen und auf ein Backpapier legen.
4. Je eine oder mehrere Blüten darauflegen. Mit einem weiteren Backpapier bedecken. Mit dem Nudelholz vorsichtig darüberrollen, bis die Blüten flach auf dem Teig haften. Für ca. 30 Minuten in den Kühlschrank stellen.
5. Den Backofen auf 180 °C (Umluft 160 °C) vorheizen. Ein Backblech mit Backpapier auslegen.
6. Die Kekse auf das Backblech legen. Im vorgeheizten Backofen 15–20 Minuten goldbraun backen. Kurz abkühlen lassen und mit Zucker bestreuen.

HAGEBUTTEN-Trüffel

Tipp:
Anstelle von Hagelzucker können Sie die Trüffel auch mit weißer Schokolade verzieren.

Zutaten:

Für ca. 20 Stück

1 Vanilleschote
250 ml süße Sahne
2 EL Zucker
1 Prise Salz
400 g weiße Schokolade
100 g **Hagebutten**
300 g Zartbitterkuvertüre

Außerdem:
Hagelzucker

Zubereitung:

1. Die Vanilleschote längs halbieren und das Mark auskratzen. Mit der Sahne, dem Zucker und dem Salz in einen Topf geben und aufkochen.

2. Die Schokolade fein hacken und in eine Schüssel geben. Die heiße Sahne darübergießen und alles so lange verrühren, bis die Schokolade geschmolzen ist. Die Masse abkühlen lassen und am besten über Nacht, aber mindestens 4 Stunden kalt stellen.

3. Die Hagebutten waschen, putzen, halbieren, entkernen und fein würfeln. Unter die Trüffelmasse rühren und dann kleine Kugeln daraus formen. Diese am besten über Nacht, aber mindestens 6 Stunden einfrieren.

4. Die Zartbitterkuvertüre hacken und über einem warmen Wasserbad schmelzen. Die Trüffel aus dem Gefrierfach nehmen und nacheinander in der Kuvertüre wenden. Auf Backpapier legen, mit Hagelzucker bestreuen und trocknen lassen.

GUNDERMANN-
Schokoladen-Blätter

Zutaten:
Für 20 Stück

150 g Zartbitterkuvertüre
2–3 EL Sonnenblumenöl
20 **Gundermannblätter** mit Stiel

Zubereitung:

1. Die Kuvertüre hacken und vorsichtig im Wasserbad schmelzen. Nach Bedarf Sonnenblumenöl unterrühren, damit die Konsistenz etwas flüssiger wird und man die Blätter leichter hineintauchen kann.

2. Die Gundermannblätter jeweils am Stiel festhalten, in die Kuvertüre tauchen, abtropfen lassen und zum Trocknen auf ein Stück Backpapier legen.

3. Ein paar Stunden in den Kühlschrank stellen, bis die Schokolade ausgehärtet ist. Die schokoladigen Blättchen eignen sich hervorragend als Dekoration, z. B. von Eis.

Tipp:
Anstelle von Gundermann können Sie auch Minze verwenden.

Schokoladen-
ROSEN-BROWNIES

Zutaten:

Für 1 Blech

400g Zartbitterschokolade
250 g Butter
400 g Rohrzucker
2 Päckchen Vanillezucker
6 Eier
1 TL **Rosenwasser**
200 g Mehl
100 g gemahlene Mandeln
1 Prise Salz
2 TL Backpulver

Außerdem:
1 Handvoll **Rosenblütenblätter**

Tipp:
Gehen Sie vorsichtig mit dem Rosenwasser um. Es ist sehr geschmacksintensiv.

Zubereitung:

1. Den Backofen auf 180 °C (Umluft 160 °C) vorheizen. Ein tiefes Backblech mit Backpapier auskleiden.

2. Die Schokolade klein hacken und mit der Butter in einem Topf schmelzen, sodass eine geschmeidige Masse entsteht. Dann kurz abkühlen lassen.

3. Den Zucker, den Vanillezucker und die Eier in einer Schüssel mit den Schneebesen des Handrührgerätes verrühren. Die abgekühlte Schokomasse mit dem Rosenwasser unterrühren.

4. Dann das Mehl mit den gemahlenen Mandeln, dem Salz und dem Backpulver vermischen und zügig unter den Teig rühren. Nicht zu lange rühren! Den Teig auf dem Backblech gleichmäßig verteilen und glatt streichen.

5. Die Brownies auf mittlerer Schiene 20–25 Minuten backen.

6. Vor dem Servieren in Stücke schneiden und mit Rosenblüten bestreuen.

Rosenlimonade

Zutaten:

1 unbehandelte Zitrone
2 Handvoll **Rosenblütenblätter**
500 g Zucker
ca. 1 l Mineralwasser

Zubereitung:

1. Die Zitrone heiß abwaschen und in Scheiben schneiden. Mit den Rosenblüten in ein verschließbares Gefäß geben.

2. 500 ml Wasser mit dem Zucker aufkochen und ca. 5 Minuten köcheln lassen. Den Sirup über die Blüten gießen und zugedeckt im Kühlschrank 2–3 Tage ziehen lassen.

3. Durch ein Sieb gießen und erneut aufkochen. Noch heiß in sterilisierte Flaschen füllen und sofort fest verschließen. Nach dem Abkühlen je nach Geschmack mit dem Mineralwasser zu einer Limonade mischen.

Rosenlimonade
Brownies

WILDKRÄUTER-Eis

Zutaten:

Für 4 Personen

250 ml Milch
250 ml süße Sahne
Abrieb von 1 unbehandelten Zitrone
5 Eigelb
100 g Puderzucker
1 Päckchen Vanillezucker
1 Prise Salz
1 Handvoll **Wildkräuter** (z. B. **Waldmeister, Gundermann, Minze**)

Zubereitung:

1. 200 ml Milch mit der Sahne und dem Zitronenabrieb in einem Topf zum Kochen bringen. Vom Herd nehmen und etwas abkühlen lassen.

2. Die Eigelbe mit dem Zucker, dem Vanillezucker und dem Salz cremig rühren. Die noch warme Sahne-Milch langsam unter Rühren hinzugießen.

3. In einen Topf geben und unter ständigem Rühren erhitzen, bis eine dickliche, cremige Masse entsteht. Auf keinen Fall kochen! Dann vom Herd nehmen und abkühlen lassen.

4. Die Kräuter waschen, trocken schütteln, grob hacken, zusammen mit der restlichen Milch fein pürieren und unter die Eismasse rühren. Dann in die Eismaschine füllen und durchfrieren lassen.

Tipp:
Probieren Sie doch mal ein paar Waldbeeren zum Eis.

LAVENDEL-Eis

Zutaten:
Für 4 Personen

1 Vanilleschote
400 ml süße Sahne
Abrieb von ½ unbehandelten Orange
2 TL getrocknete **Lavendelblüten**
lila Lebensmittelfarbe
400 ml gezuckerte Kondensmilch

Tipp:
Als Dekoration für das Lavendel-Eis sind die Gundermann-Schokoladen-Blätter auf Seite 75 hervorragend geeignet.

Zubereitung:

1. Die Vanilleschote der Länge nach aufschneiden und das Mark herauskratzen. Die Sahne mit Vanillemark und -schote sowie dem Orangenabrieb und den Lavendelblüten in einem Topf zum Kochen bringen. Vom Herd nehmen und abkühlen lassen. Abgedeckt ca. 2 Stunden im Kühlschrank durchziehen lassen.

2. Die Lavendel-Sahne durch ein feines Sieb gießen und mit den Schneebesen des Handrührgerätes steif schlagen. Dabei etwas lila Lebensmittelfarbe hinzufügen. Die Sahne vorsichtig unter die Kondensmilch heben.

3. Die Eismasse in einer Eismaschine durchfrieren lassen. Wer keine Eismaschine hat, kann die Eismasse in eine flache Form geben und ca. 5 Stunden in die Gefriertruhe stellen. Dabei das Eis alle 20–30 Minuten umrühren.

Register

Genehmigte Lizenzausgabe
EDITION XXL GmbH
Industriestraße 19
64407 Fränkisch-Crumbach 2023
www.edition-xxl.de

Idee und Projektleitung: Sonja Sammüller
Layout, Satz und Umschlaggestaltung:
design cat GmbH

ISBN 978-3-89736-879-8

Druck und Bindung in der EU
POLYGRAF PRINT spol. s r. o.
Čapajevova 44
08001 Prešov, Slowakei
www.polygrafprint.sk

Bildnachweis

Wir danken folgenden Firmen für ihre freundliche Unterstützung:

Unilever Deutschland GmbH, Hamburg
–Knorr 30–31, 40–41, 44, 54–55
–Pfanni 46–47

Shutterstock: 3523studio 53; A_Lein 60, 69; aga7ta 7; aliasemma 0; alwih 9; Angela Kotsell 10; aniok 2, 3, 11, 12, 13, 15, 17, 18, 19, 20, 21, 22, 23, 24, 26, 27, 28–29, 30, 31, 32, 33, 34, 35, 37, 38, 39, 40, 42, 43, 44, 46–47, 48, 51, 52, 54, 55, 56, 59, 60, 61, 62, 64, 65, 66, 67, 68, 69, 70, 72, 74, 75, 76, 78, 79; ArTDi101 5; Brent Hofacker 52; Bogdan Sonjachnyj 59; casanisa 58; Chamille White 16–17; cheryl o'shea 77; Cora Mueller 6; Daniela Baumann 17, 38–39; DronG 45; Edith Frincu 36; Eivaisla 11; Elena Masiutkina 6; encierro 4; Ermak Oksana 48; Geshas 32; Grazziela 56; guentermanaus 6; HalynaRom 79; Happy_food_photo 21; hlphoto 61; Ildi Papp 42; iuliia_n 66–67; Kiian Oksana 8; Koldunov 7; Konstantin Kopachinsky 34; Letterberry 68; Lilia art 2–79; Liliya Kandrashevich 50–51; Madeleine Steinbach 13; Magdanatka 26–27; Manfred Ruckszio 9; MaraZe 18; Marcus Z-pics 16; margouillat photo 63; Marinodenisenko 7; Mariya Surmacheva 74; mimohe 8; mizy 8; nadianb 33; Natalia Lisovskaya 78; Nataliia Sirobaba 43; nnattalli 8; Oksana 12; Oksana Shevchenko 5; olko1975 7, 9; Orest lyzhechka 5; papa1266 5; Pixel-Shot 20; Silvia Dubois 8; stockcreations 28–29; Sunteya 72; Tom Meaker 9; uAphoto 14–15, 35; uladzimir zgurski 71; ULD altmedia 6; vaivirga 15; vlasna 73; Zaira Zarotti 19, 56, 57; zi3000 49

Alle weiteren Fotos: design cat GmbH